KB005891

괜히 끌리는, 공간

괜히 끌리는, 공간

초판 1쇄 인쇄 | 2018년 3월 27일
초판 1쇄 발행 | 2018년 3월 27일

지은이 | 이폼(오민아)
펴낸이 | 이장우
펴낸곳 | 꿈공장 플러스
주 소 | 경기도 파주시 회동길 301, 105동 101호 (문발동, 헤르만하우스)
전 화 | 010-4679-2734
팩 스 | 031-624-4527
E-mail | ceo@dreambooks.kr
인스타그램 | @dreambooks.ceo
편집디자인 | 꿈공장 플러스
인 쇄 | 한국학술정보(주)
출판등록 | 제 406-2017-000160 호

ISBN | 979-11-962559-7-8

정 가 | 16,000원

*잘못된 책은 교환해드립니다.
*본서의 무단 전재 및 복제를 금합니다.
*이 책의 내용의 전부 또는 일부를 이용하시려면 반드시 저작권자의 서면동의를 받아야 합니다.

일상이 지루한 날, 들춰보고 싶은 가장 매혹적인 공간 가이드북

괜히 끌리는, 공간

450만 방문자의 일상을 바꾼
인테리어 공간연출가

이폼(오민아) 지음

꿈공장⁺

CONTENTS

일상이 지루한 날, 들춰보고 싶은 가장 매혹적인 공간 가이드북

괜히 끌리는, 공간

"그저 집은 편한 게 최고야."라며 검정타이즈를 찾는 데만 30분.

방을 둘러보면 어지러운 물건만 가득하다. 잡지처럼 예쁜 집을 갖겠노라 부푼 꿈을 갖고 이사해 큰 맘 먹고 돈 들여 만들어진 공간이지만 어쩐지 맘에 들지 않고, 촌스럽기만 하다. 나도 아름답게 꾸며진 아늑한 집, 깔끔하게 잘 정돈된 집에 살고 싶은데.

가구가 문제일까?

다시 공사를 해야 할까?

나에겐 헛된 꿈일까?

고개를 돌려 천장, 벽, 바닥을 한번 둘러보자. 우리나라에서 인테리어는 '공사' 같다. 유난히 유행을 타는 편이라, 언제 지어진 집이냐에 따라

스타일이 동일하다. 똑같은 조명, 똑같은 포인트 벽지, 똑같은 몰딩. 처음 이사할 때 큰돈을 들여 꾸며둔 채, 5년, 10년을 그대로 유지하는 게 최선이다. 그러던 중 '그래, 우리 집 분위기도 한번 바꿔보자!' 결심하며 친구 집에 놀러갔다가 눈여겨봤던 유행하는 장식을 문의한다. 시공 일자와 비용을 꼼꼼히 체크하고, 큰 맘 먹고 거액을 들여 공사에 들어간다.

결론부터 말하면 이건 아니다!

진짜 아름다움은 예뻐지길 바라는 마음으로 소중하게 다루는 것부터 시작된다. 하루하루 숨쉬고, 살아가는 우리 집이다. 공간을 소중히 다루는 방법은 뜯어 고치는 것이 아니라, 정성을 들여 가꾸는 것이다. 특히 오랫동안 지낼 생각을 갖고 있다면 더더욱 유행을 따르기 보다는 관심을 갖고 살펴야한다. 집을 가꾸면 그만큼 행복해질 수 있다. 행복은 저 멀리 종착점에서 맛보는 달콤한 열매 같은 것이 아니다. 하루 24시간 중 몇 분 기쁨에 가슴이 두근거리고, 어제보다 조금 더 웃을 수 있었던 오늘을 보내며, 노력한 만큼 조금 더 편안하고 만족스러운 시간을 보낼 수 있다면 그 자체가 행복이다. 유행을 좇는 급급한 인테리어는 다른 집과의 비교, 부담되는 비용 등으로 오히려 스트레스가 되어 돌아온다. 집안에서 느낄 수 있는 소소한 행복마저도 누릴 수 없게 만든다. 인테리어 콘셉트에 큰 오점이 되거나 보수가 필요한 것이 아니라면 공사는 최소화하길 바란다.

집? 공사 없이 꾸밀 수 있을까?

사회 속에 함께 살아가는 우리는 집을 나가는 순간 타인의 시선을 받아야만 한다. 어딜 가도 맘껏 행동할 순 없다. 하지만 '집'에서는 완전한 자유다. 내가 무엇을 말하던, 어떻게 행동하던 내가 주인공인 세상이다. 이렇게 나를 가장 편하게 드러낼 수 있는 공간이자 삶을 가장 안락하게 안아주는 곳이 바로 '집'이다. 게다가 침실은 인생의 30%의 시간을 보내는 중요한 공간이다. 잠을 잘 못자면 하루의 일정마저 꼬여버린다. 건강까지도 좌우하는 중요한 요소다. 그러니 행복해지고 싶다면, 내가 사는 곳부터 가장 좋아하고 만족할 수 있는 공간으로 만들어야 한다.

유행을 따르는 인테리어가 만족감이 떨어지고, 어딘가 모르게 부족하다 느껴지는 이유는 여기에 있다. '나'를 가장 잘 아는 사람은 나뿐이다. 집을 꾸미는 것은 아주 단순하다. 화려하고 희귀한 가구나 소품을 두는 것이 아니라, 볼수록 기분 좋아지는 물건, 좋아하는 색깔, 그리고 내가 좋아하는 취미를 고스란히 공간에 담는 것이다. 그것이 다른 사람 눈에 촌스럽고 예쁘지 않아도 괜찮다. 그런 건 신경 쓰지 말자. 오롯이 나를 위한 공간을 만들어나가는 것이다. 매일 아침 눈을 뜨면 기분 좋은 곳, 집으로 돌아오는 발걸음이 가벼워지는 곳이라면 그것이 나에게 딱 맞는 최고의 인테리어다.

급하게 생각하지 말자. 아직까지 내가 어떤 걸 좋아하는지 잘 모르겠다, 해도 괜찮다. 행복해질 용기를 갖자. 그리고 열정을 더해 하나씩 실행해나가는 것이다. 그 과정에서 웃음이 피어나는 기쁨을 느꼈으면 좋겠다. 이것이 책을 쓰게 된 이유다. 집을 꾸미는 아이디어뿐만 아니라, '나'와 '행복'에 대해 돌아보는 시간이 되길 바란다. 공간은 주인을 닮는다. 괜히 끌리는 나를 닮은 공간에서 하루하루 웃으며 보내는 행복을 찾길 바라며.

오롯이 당신만의 공간에
살고 있나요?

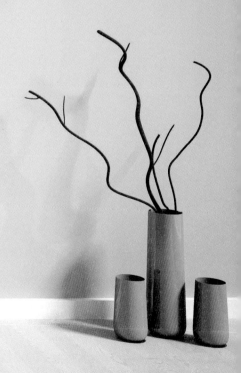

1
지겨워지는 내 집 10년차

　이곳에 올 때는 모든 것이 최신이었다. 당시 유행하던 오크색 몰딩과 갈색 바닥, 나뭇결이 살아있는 장판 혹은 마루. 거액을 들여 만들어놓은 인테리어에 큰 맘 먹고 들인 침대도 있고, 책장과 세트로 구매한 원목 책상도 있다. 게다가 20년은 써야지 하며 마련했던 옷장, 의자 등 필요한 가구는 충분히, 아니 넘치도록 구비되어 있다. 하지만 어딘가 따로 노는 것 같은 모습, 매일 쌓여가는 짐들에 친구들을 초대하기도 그렇고, 참 불만족스럽다.

　지금 살아가는 공간에 불만을 갖고 있는 사람이라면, 집을 둘러보았을 때 느끼는 감정이 똑같을 것이다. 큰 공사를 하자니 비용과 시간이 아깝고, 이미 짐들이 자리를 잡고 있으니 대체 어떤 것부터 시작해야할지 모르겠고.. 에라, 모르겠다, 그냥 이대로 살자! 하는 마음. 특히 전월세로 이사를 한 사람이라면 '어차피 다시 이사가야하는데...'라며 최소한의 가구만 그저 바닥 위에 올려두고 사용하고 있을지도 모른다.

이럴까?

혹은 이런 모습일까?

일상을 보내는 공간만큼은 만족스럽고 편안해야한다. 그로 인해 자는 순간에도 눈을 뜨는 순간에도 옅은 미소를 머금고 살아갈 수 있어야 한다. 그것이 인테리어가 꼭 필요한 이유다. 예쁘게 보이는 것보다도 '일상에서의 만족감'을 얻을 수 있기 때문이다.

예를 들어, 회사원의 원룸이라 가정해보자. 문을 열고 나가는 순간 상사와 동료, 관련 업체의 시선에 시달린다. 하루 종일 남의 눈치를 보느라 지친 내가 쓸쓸히 들어갈 곳은 내 집이다. 하지만 집 문을 열고 들어오는 순간 쌓여있는 짐들에 한숨이 난다. 먼지가 쌓인 가구 위에 겉옷을 툭 올려두니 지친 몸과 맘이 엉켜버리는 것 같다. 에라, 모르겠다, 잠이나 자자며 침실로 가 침대에 누웠다. 창밖으로 네온사인 불빛이 정신없이 비쳐 잠이 든 건지 아닌지도 모르게 잠이 들었다. 아침 6시 해가 뜨니 따가운 빛이 잠을 깨운다. 오늘 만큼은 숙면을 취하고 싶었는데..! 이렇게 다시 출근 준비를 한다.

만약 인테리어가 제대로 되어있다면, 일상은 어떻게 변할까? 다시 회사원의 방으로 가보자. 오늘도 내내 밖에서 일을 하느라 몸과 마음이 지쳤다. 하지만, 이제부터 온전히 나만을 위한 시간이 시작될 것을 생각하니 발걸음이 가볍다. 지친 나를 안아주는 모든 것에 제한이 없는 자유의 공간, 내 집이다. 문을 열고 들어오니 내가 좋아하는 따뜻한 화이트 머스크향이 나를 반긴다. 이 향기를 맡으면 하루의 피로가 삭 녹는 듯하다. 얼마 전 한쪽 벽에 드레스 룸을 만들었다. 입은 옷들을 걸어두는 부분에 겉옷을 탁탁 털어 걸어둔다. 말끔히 씻고 나서는 보송한 수건에 얼굴을 묻고, 내가 좋아하는 스트라이프 잠옷으로 갈아입는다. 따뜻한 국

화차 한 잔을 머그잔에 들고, 침실로 향한다. 창문너머의 네온사인 불빛은 암막커튼으로 완벽 차단하고, 나를 위한 영화관 ON. 기분 좋아지는 음악과 함께 스르르 잠이 든다.

편안해서 행복하고, 집에 있는 시간이 만족스러운 삶은 누구나 누릴 수 있다. 또 그래야 한다. 화려한 장식이나 값비싼 공사로 얻을 수 있는 행복이 아니다. 인테리어는 바로 이런 행복을 위한 것이다.

다시 이사를 가는 것이 인테리어의 시작이라고 생각하는 고정관념을 내려놓자. 브라운색 몰딩이 문제가 아니다. 방을 개조하겠다는 마음보다는 나의 일상을 개조시키려는 용기를 갖자. 인테리어는 '나'에서 출발하기 때문에 스스로를 살필 수 있는 충분한 시간이 필요하다. 고대 그리스의 유명 철학자인 소크라테스도 '너 자신을 알라'고 하지 않았던가.

급하게 서두르지 말자. 인테리어는 내 방에 어떤 것들이 있는지 살펴보는 것부터 시작이다. 행복한 집에서의 일상을 꿈꾸는 마음과 나를 닮은 공간을 만들려는 욕망이 있다면 누구나 가능하다. 가장 쉬운 방법으로 공간에서 행복을 얻는 방법을 전해줄 것이다. 이 책을 보며 하나씩 실천하는 것이 주어진 미션이다.

공간은 가꾸는 만큼
솔직하게 드러난다.

2
낡은 집, 블링블링해지는 홈드레싱의 기적

집에 옷을 입힌다는 의미의 홈드레싱 (home dressing). 이것이 바로 공사 없이 행복이 깃드는 방을 만드는 방법이다. 인테리어는 공간이라는 복합적인 요소가 있는 분야지만, 쉽게 '패션'에 비유할 수 있다. 쇼핑할 때는 누구의 눈치도 보지 않고 내가 맘에 드는 옷을 고른다. 좋아하는 컬러, 자주 입는 재질인지 살펴보고, 나의 단점을 가리며 장점을 최대한 부각시키는지. 가격대는 어떤지 등 꼼꼼하게 살피고 맘에 들면 구매결정을 한다. 누구보다 나를 잘 아는 사람은 나이기에 스스로 묻고 답하며 결정한다. 그렇게 틈틈이 구비해둔 옷과 액세서리로 나의 개성을 담은 코디를 만들어낸다.

공간도 마찬가지다. 패션과 인테리어는 '취향'에 기반을 둔다는 공통점이 있다. 그렇기 때문에 유행을 좇을 이유도, 내 맘엔 드는데 어울리지 않는 걸까? 의기소침 해 질 이유도 없다. 놀수록 민족스럽고 괜히 한 번 더 사용하고 싶어지는 것이라면 그걸로 충분하다. 비용도 그렇다. 왠지 인테리어는 값비싼 가구, 명품 브랜드 제품을 들이는 것을 미덕으로 여긴다. 하지만, 유명 패셔니스타를 보면, 쉽게 구할 수 있는 저렴한 아이템으로도 눈에 띄는 훌륭한 코디를 해내듯 얼마나 취향을 담아 공간을 가꾸었냐가 끌리는 공간을 만든다.

어떤 것부터
시작해야하죠?

"나를 위한 공간을 만들어가겠어!"

자신감이 생겼다면, 이제는 가꿔나갈 공간을 돌아보자. 가장 처음 해야 할 것은 아픈 곳을 찾는 것이다. 15년 된 방의 뜯어진 벽지를 그대로 방치한다면 그 위에는 아무리 맘에 드는 가구를 둬도 100% 빛날 수 없다. 또, 5평 남짓한 공간에 책상, 침대, 책장, 옷장 등 과도하게 많은 가구를 넣으려한다면 창고가 되어버릴지도 모른다. 모든 사람에게 기본권이 존재하듯, 모든 공간에도 갖춰야할 최소한의 필요요건이 있다. 홈드레싱을 시작하기 전 체크해야 할 사항을 알려주겠다.

check list

☑ 결로가 발생했거나 보수할 곳은 없는가?

☑ 벽지나 장판에 오염된 부분은 없는가?

☑ 방의 용도는 명확한가?

☑ 불편하지 않은 여유 공간이 있는가?

☑ 1년 이상 사용하지 않은 짐이 있는가?

곰팡이가 피는 등 큰 문제가 없다면 괜찮다. 그 다음은 보수가 필요한 곳이 있는지 살펴봐야한다. 벽지나 방문 등에 오염이 있다면 닦아내고 페인트칠이나 벽지 보수를 하고, 장판이 뜯어진 경우에는 정도에 따라 장판시공을 다시 하거나 시트지로 부분보수를 하는 등 기본적인 베이스 작업을 진행해야한다. 과하게 방치된 공간이 아니라면, 해당 문제는 없기 때문에 체크해두고 넘어가도 좋다.

하지만 '여유공간'은 많은 곳에서 간과하기 쉬운 부분이다. 우선 방의 용도는 2가지 이하로 명확히 하고, 하나의 방에는 3가지 이하의 가구를 두는 것이 좋다.

침실이자 공부방이라면 침대와 책상을, 침실이자 옷방이라면 침대와 옷장을 메인가구로 둬야한다. (공간배치는 2-4장에서 자세히 다루겠다) 또, 1년 동안 사용하지 않는 짐을 구분해야한다. 예를 들어, 선반처럼 사용하는 책상이나 어릴 적 읽었던 동화책, 버리긴 아깝지만 1년 동안 입지 않은 옷 등이다. 그런 짐들은 필요한 사람에게 건네거나 버리는 과감한 결단이 필요하다. 그렇지 않으면 새로 들이는 물건 역시 짐짝이 될 수밖에 없다.

필요 없는 물건에 대한 욕심과 미련은 행복과 멀어지게 하는 가장 큰 장애물이라는 점 꼭 명심하길 바란다.

3
쉽게, 저렴하게, 위대하게!

처음 맘껏 꾸밀 수 있는 내 공간이 생겼을 때, 나도 참 많은 자료들을 찾아봤었다. 하지만 국내외 인테리어 방법들은 대부분 전문적인 도구들로 해야 하는 시공들이었다. 그때 느꼈던 답답함은 '누구나 효과적으로 할 수 있는 쉬운 인테리어 방법은 없을까?'라는 질문으로 이어졌다.

쉽게 구할 수 있는 재료로
비용과 시간 최소화하기

그렇게 인테리어 공사가 없어도, 드라마틱한 효과를 얻을 수 있는 방법들을 고안했다. 손을 대기 두려운 곰손들, 인테리어 초보자들도 할 수 있도록 말이다. '인테리어는 비싸'라는 고정관념 타파하기. 저렴하고 유용하게 부러워하던 공간처럼 만들 수 있는 비법을 담았다.

before

after

after

before

'당신이 좋아하는 것은 무엇인가?'라는 질문에 선뜻 대답하기란 쉽지 않다. '나'의 취향을 찾는 것이 먼저다. 2장에서는 나를 닮은 공간을 만들기 위한 현실적인 방법들을 소개한다. 개인별 주관적인 기준을 눈에 보이는 객관적 자료로 표현해보자. 그 다음은 방의 콘셉트를 정하고, 그 분위기를 담아낼 수 있는 색깔을 정하는 것이다. 큰 꿈을 갖고 시작했던 인테리어를 포기하게 만들었던 시공은 최소한으로 할 수 있도록 꼭 필요한 것들만 진행할 것이다. 사용하기 편리하도록 가구배치를 하고, 홈드레싱을 더하면 끝.

이 책에서 인테리어의 목적은 '나의 행복을 위한 취향담기'다. 이제 '저는 이런 스타일 좋아해요, 이런 색깔을 보면 기분이 좋아지더라고요.'라고 당당하게 말할 수 있다. 내가 사는 공간에 가벼운 마음으로 조금씩 다가가보고 싶다면, 누구나 환영이다. 고생이라 생각하면 절대 할 수 없는 것이 인테리어다. 서두르지 않고 찬찬히 시작해보자. 우리의 행복하고 아늑한 보금자리를 만들기 위해서.

지금 내 공간,
지나치지 말아요

1
내 취향 찾는 즐거운 수고로움

평범하고 어딜 가나 똑같은 집. 우리 집도 그랬다. 독특한 개성이 없는 것이 못마땅했다. 꾸민 다기 보다는 필요한 것을 알차게 구비하는 실용적인 집에 가까웠다. 불편함은 없었지만, 자꾸만 있고 싶거나 한없이 쳐다보고 싶은 부분은 없었다. 가족들이 모이는 거실에는 소파가 덩그러니 있었고, 그 앞엔 러그보단 편히 누워 쉴 수 있는 보루와 전기장판이 있었다. 그럴 듯한 액자나 꽃병은 볼 수 없는 그런 집이었다.

그렇지만 놀러왔던 친구들은 우리 집을 따뜻한 집으로 기억했다. 자리를 옮기거나 새롭게 바꾸진 않았지만 필요한 곳에 그 물건이 있었고, 편하게 사용할 수 있는 실학자의 집을 연상케 했다. 소박하지만 단정하고 사랑과 보살핌이 넘쳐나는 따스한 집이었다. 그래서인지 개성이 강하고 곧이라도 파티를 열 것 같은 유쾌하면서 생명력이 넘치는 집에 대한 호기심을 품고 지냈다.

올 화이트에 먼지 하나 없을 것 같은 완벽하게 각이 잡힌 집은 싫었다. 사람이 완벽하지 않은 존재인데 살아가는 공간이 완벽하다는 건 아이러니 아닌가. 내가 좋아하는 집은 아늑하고 포근한 분위기가 바탕인 유쾌한 집이다. 개성을 맘껏 표현하고 좋아하는 물건들을 보며 매일 기분 좋음을 느끼는 생기발랄한 집이다. 여행을 다녀온 추억이 담긴 소품들이 옹기종기 모여 있고, 활짝 핀 꽃송이와 봉우리가 터질 것 같은 꽃송이가 함께 있는 테이블 위의 화병, 기분에 따라 바꿔 산뜻함을 뽐내는 소파 위 쿠션.

어쩌면 요즘 유행하는 미니멀라이프를 역행할지도 모른다. 소소한 소유가 행복하다면, 굳이 버려야할 이유는 없지 않은가? 미국 35대 대통령 존 F. 케네디는 한 못생긴 흔들의자에 애착이 있었다. 16세기풍 가구로 가득 찬 백악관의 화려한 응접실에 어울리지 않았던 초라한 흔들의자였지만, 생전에 그 의자에 앉아 국가 수장들을 영접했다. 그만큼 케네디 대통령에게는 행복을 전해주는 소품이었던 것이다.

기분이 좋아지는 '나의 취향'을 찾는 것은 관찰로부터 시작된다. '미'에 대한 기준은 주관적이기에 감각이 중요한 역할을 한다. 뇌로 신호가 가기 전, 본능적으로 '느낌이 좋다' 싶은 그냥 끌리는 그 느낌을 믿는 것이다. 인테리어는 특히 다양한 요소가 어우러지는 복합디자인이기 때문에 자료를 살펴보고, 맘에 드는 자료를 모아두는 것이 좋다. 정보화 사회이기 때문에 자료는 인터넷, 서적, 전시 등 다양한 매체를 통해 얻을 수 있다.

가장 쉬운 방법은 시간이 여유로운 주말에 카페에 앉아 인터넷 자료들을 찾아보는 것이다. 아래 사이트는 다양한 인테리어 사진과 타인의 공간을 볼 수 있는 곳이다.

@scandinavianhomes

@white.interior

@archdigest

@dwell

@mydomaine

http://www.apartmenttherapy.com/

http://theselby.com/

http://www.designsponge.com/

https://www.elledecoration.se/inspirationsgalleriet/

http://www.brightbazaarblog.com

http://decor8blog.com

머리로 판단하려 하지 말고, 사진이 맘에 든다면 저장해두자. 요즘엔 사진을 맘껏 찾아볼 수 있는 인스타그램을 활용하면 전 세계 인테리어를 구경할 수 있다. 뿐만 아니라 다시 볼 수 있도록 팔로우를 해두거나 사진 북마크를 하면 너무나도 쉽게 자료를 찾을 수 있다.

점차 자료가 쌓여 다시 살펴보면, 신기하게도 그 안에 공통점이 있다. 노랑, 빨강, 주황 등 따뜻한 컬러를 좋아할 수도 있고, 식물로 데코레이션 한 집이라는 것을 발견할지도 모른다. 시간 여유가 있다면 국내외 잡지를 살펴보는 것도 좋다. 아날로그 감성을 좋아한다면, 가위로 오려 박스에 차곡차곡 담아두면 다시 꺼내 하나씩 구경하는 재미도 쏠쏠하다.

홈드레싱 TIP

인테리어 스타일 종류

1. 내추럴(Natural) : 나무와 흙 등 자연소재를 많이 사용해 질감을 돋보이게 하며 여유로운 분위기를 연출한다.

2. 컨트리(Country) : 소박한 시골집 같은 느낌에 수공예 가구가 돋보이는 스타일.

3. 심플(Simple) : 화려한 장식이나 복잡한 선이 없어 깔끔하다. 화이트를 주로 사용하고 도회적인 느낌이 든다.

4.모던(Modern) : 무채색을 바탕으로 플라스틱, 금속 등 인공소재가 사용되며 예리한 직선과 면이 특징이다.

5.클래식(Classic) : 유럽의 전통 양식에 기초해 에스닉 패턴이나 앤티크 가구 등 장식적인 요소가 두드러진다.

6.재패니스아시안(Japanese & Asian) : 동양의 전통적인 분위기를 담은 스타일. 좌식이 주가 되며 자연소재를 사용하는 것이 특징이다.

2
공간을 빛낼 컬러 레시피

 공간을 이루는 요소 중 단연 분위기를 압도하는 것은 색이다. 차가운 느낌인지, 따뜻한 느낌인지, 넓어 보이는지, 아늑해 보이는지. 색만 잘 써도 다른 방인 것 같은 느낌을 낼 수 있다. 하지만, 벽면 한 면을 페인팅 하려고 해도 색을 고르는 데 2~3시간이 걸릴 만큼 색을 결정하기가 쉽지 않다. 뿐만 아니라, 방에 어울리는 가구의 색을 고르거나 포인트로 둘 소품 등을 고를 때도 판단이 잘 서지 않을 수도 있다. 예쁜 가구와 소품들을 사서 방에 뒀는데 어딘가 모르게 따로 노는 것 같은 느낌. 바로 컬러가 어울리지 않기 때문이다.

 방을 꾸밀 때는 통일감이 가장 중요하다. 집의 작은 단위가 방이기에 각각의 개성과 콘셉트가 있어야 한다. 방문을 열고 들어왔을 때, 그 분위기를 느낄 수 있도록 하나의 공간으로 만드는 방법. 그 시작은 색을 잘 고르는 것이다. 인테리어를 시작하기 전, 방을 구성할 색깔을 딱 3가지만 정한다. 가장 큰 면적을 차지하는 메인 색과, 그 컬러와 가장 잘 어울리는 보조색, 그리고 포인트로 두고 싶은 색이다.

〈 방을 이루는 3가지 색을 결정하는 방법〉

메인컬러 :

 꾸며질 방의 전체 모습이 하나의 그림이라면, 메인 색은 바탕색이다. 쉽게 벽면, 천장, 바닥, 창문 등 넓은 면적을 차지하는 색이라고 생각하면 된다. 인테리어 실전에서 바탕색은 화이트와 그 밖의 색으로 나누어 생각할 수 있다.

 오랫동안 바꿀 계획이 없다면 크림화이트 색을 메인컬러로 정하자. 페인트 가게를 가면 화이트의 종류도 수십 가지가 있는 것을 볼 수 있다. 그 중에서 살짝 노란빛이 도는 크림화이트 컬러를 고르면, 아늑하면서도 군더더기 없이 깔끔한 바탕색을 만들 수 있다.

 만약 네이비나 그린, 그레이 등 짙은 컬러로 무게감 있는 분위기를 만들고 싶다면, 환영이다! 이때는 맘에 드는 컬러를 소신껏 고르되, 딱 한 가지만 주의하면 된다. 샘플에서 보이는 컬러보다 더 짙은 색을 과감하게 골라라. 컬러 샘플은 보통 손바닥에 들어가는 작은 크기이기 때문에, 실제 바탕색으로 칠했을 때는 그 색의 느낌과 다르다. 넓은 면적이 흐린 색으로 칠해졌을 때는 오히려 지저분한 느낌이 들 수 있다. 예를 들어 은은하게 연 그레이 컬러로 모던한 방의 분위기를 내고 싶을 때는, 실제로는 옅은 느낌이 들지 않는 일반적인 그레이 톤을 골라야 그 느낌을 낼 수 있다.

보조컬러와 포인트 컬러 :

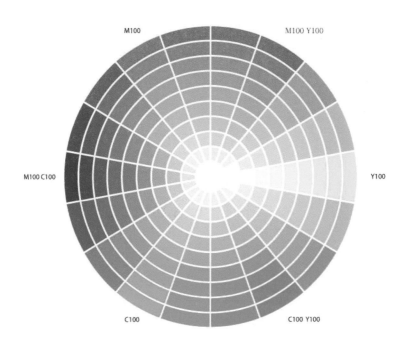

보조 역할을 하는 색은 간단히 침구의 색이나 포인트 벽의 색, 옷장과 같은 큰 가구의 색이라 할 수 있다. 무난한 크림화이트를 메인 색으로 정했다면, 보조컬러에서 개성을 뽐내면 된다. 도화지 위에 색감을 들이듯, 맘에 드는 색을 골라라. 레드, 옐로우, 핑크 등 무엇이든 원하는 색이면 좋다. 그리고 나서 포인트 컬러는 색상환에서 고른 색의 반대편에 있는 색으로 결정하면 활기 있는 방을 이룰 수 있다. 컬러풀한 방이 부담스럽다면, 고른 색의 근처에 있는 컬러를 포인트 컬러로 정하자.

예를 들어, 파란색을 메인컬러로 골랐다고 생각해보자. 보조 컬러를 주황색을 선택하면 발랄한 방의 분위기를, 보라계열이나 초록색을 선택하면 차분하면서도 감각적인 방을 만들 수 있다.

포인트가 되는 색은 쿠션이나 조명과 같은 작은 소품의 컬러라 할 수 있다. 차지하는 비중이 작은 만큼 정말 좋아하는 색을 무슨 색이든 고를 수 있는 기회다. 샛노랑색, 새빨간 색도 좋다. 어울릴까? 하는 고민은 접어두고 맘껏 골라보자.

컬러 매치가 어렵다면, 색상환에서 내가 좋아하는 색의 근처의 색과 반대편의 색을 들여다보자. 그 안에 답이 있다.

TIP

무적의 인테리어 컬러매치

1. 모던하게

화이트 그레이 블랙

2. 내추럴하게

샌드 브라운 그린

3. 빈티지하게

브라운 블루 퍼플

4. 러블리하게

샌드 핑크 연그레이

5. 세련되게

화이트 블루 블랙

3
복잡한 시공일수록 미니멀하게

해외 인테리어 자료들을 보면 그 곳에서 삶을 누리고 있는 집주인에 빙의되며 설렌다.

"내 방도 이렇게 만들 거야!"
"어떻게?"
"……음"

인테리어에 도전하려다, 실패하게 되었던 그 이유. 바로 시공이다. 어느 곳이던 시공이 아예 없이 공간을 만들어내는 꿈을 꾸지만, 사실 오래된 집이나 관리가 제대로 안된 공간은 불가피하다. 시간이 흐를수록 구조물도 닳고 보수를 필요로 하기 때문이다. 자연의 이치가 아니겠는가. 그렇다면 쉽게 다가갈 수 있는 방법은 딱 하나다. 흠이 될 정도가 아니라면 공간의 장점으로 살려 최소한의 시공으로 방을 꾸며내는 것!

대부분 아파트는 비슷한 문제점을 갖고 있다. 첫 번째는 꽃무늬가 꽉 차있는 포인트 벽지, 두 번째는 체리색 몰딩. 그리고 방 한가운데 세팅돼 UFO를 연상케 하는 형광등이다.

① 셀프페인팅

한쪽 벽을 채우고 있는 꽃무늬, 연두색 벽지를 보면 한숨이 나온다. 차라리 4면을 다 채우면 개성이라고 하겠지만⋯⋯. 특히 하나의 벽만 특별한 색이나 패턴으로 꾸미는 포인트 벽은 신중하게 고려해서 해야 한다. 가장 추천하는 건 언제든 바꿀 수 있도록 덧대거나 붙이는 방식으로 하는 것. 사람은 같은 패턴이나 강렬한 색을 매일 보면 쉽게 지루해진다. 유행한다고 화려한 장식을 집에 들이는 것이 얼마나 위험한지 보여주는 사례다. 하지만 고개 숙이고 돌아서지 말자. 우리에겐 가뿐하게 처리할 페인트가 있다!

주위를 보면 페인팅을 하나 샀다가 그 매력에 빠진 사람들이 많다. 주말에 페인트를 꺼내 집안 가구를 하나씩 새것으로 탈바꿈시키는 마술을 부리기도 한다. 매력적인 색감과 다루기 쉬운 방법, 인테리어 입문자들이 셀프페인팅에 열광하는 이유다. 시공은 최소한으로 하자 주의인 나도 조심스럽게 권하는 것이 셀프페인팅이다. 적은 비용으로 큰 효과를 낼 수 있을 뿐 아니라, 수백 가지 다양한 색감을 표현할 수 있다. 뿐만 아니라 롤러나 패드만 있으면 사용할 수 있기 때문에 접근성도 좋다.

과거엔 유해물질 때문에 꺼렸지만, 기술이 좋아져 친환경 인증 냄새 없는 페인트도 많다. 실제 페인트칠을 해보면 유럽기준 E1등급 이하인 제품은 냄새가 거의 나지 않고 1~2시간이면 말끔히 건조된다. 또한 페인팅 패드가 보급되 셀프페인팅에 대한 심리 장벽도 많이 낮아졌다. 나도 롤러보다 밀착력이 높아 손쉽게 페인트칠을 할 수 있어 선호한다.

셀프페인팅에
정해진 법칙이란 없다.

"젯소 1회 + 페인트칠 2회"

규칙처럼 이야기되지만, 공간을 이루는 4개의 면에 3회씩 12번을 칠하기란 멀고도 험한 여정이다. 최악의 상황을 커버할 완벽한 페인트칠을 위해선 이 공식이 맞지만, 상황에 따라 유연하게 선택할 수 있다. 그 판단은 기존 벽지나 가구의 컬러와 칠하려 하는 컬러가 어떤 것인지에 따라 달라진다.

– 화이트, 핑크 등 밝은 색을 칠하고 싶다.
: 페인트칠 2회는 기본이다. 덮어야할 면이 화려한 패턴이 있거나 어두운 색이라면 꼭 먼저 젯소를 칠하고 시작하자.

– 네이비, 그린, 짙은 그레이 등 어두운 색을 칠하고 싶다.
: 상대적으로 편하다. 기존의 면이 화이트나 베이지 등 밝은 색으로 되어 있다면 1회를 칠해도 커버 가능하다. 완성도를 높이려면 페인트 2회를 칠하자. 거친 면이거나 볼륨감이 있는 재질 위에 칠하는 특수한 경우에만 젯소 바탕을 칠하자.

미니멀한 시공을 위한 비법이다. 페인트칠은 바탕을 정돈하는 것이기 때문에 완벽주의는 버리고 편한 마음으로 하자. 과한 욕심에 바탕부터 3회칠을 하다보면, 기운이 빠져 다음 단계는 내년으로 기약해야 할지도 모른다.

시작이 반이라는 편한 마음을 갖자

한번만 칠해도 이렇게 달라질 수 있다는 사실

홈드레싱 TIP

페인트 고르는 방법

1. 샘플을 보고 색을 고른다.

2. 광도를 선택한다.
 - 무광, 계란광, 벨벳광 등 다양한 광도가 있다.
   보통 벽면 페인팅에는 계란광이나 벨벳광을 사용하지만,
   취향에 따라 과감히 골라도 좋다.

3. 필요한 양을 고른다.
 - 보통 2~5평의 방은 4L를 구매하면 네 면 모두 칠하고도 남는다.
   1L가 한 벽면을 2번 칠하는 양이니, 비교해보고 필요한 양을
   살짝 넉넉하게 구매하자.

홈드레싱 TIP

페인트 칠하는 방법

준비물 :

페인트, 롤러(패드), 트레이, 비닐봉투, 마스킹테이프와 커버링 테이프

1. 페인트가 묻지 말아야 할 곳을 마스킹테이프와 커버링테이프를
   이용해 꼼꼼하게 덮어준다.
2. 트레이에 비닐봉투를 씌워준다.
   (봉투가 마땅치 않다면 커버링 테이프를 활용해도 좋다.)
3. 페인트를 오픈하고 트레이에 덜어준다.
   (오프너가 있다면 편하지만, 500원 짜리 동전도 OK)
4. 물은 5~10%정도 소량만. 적은 양을 넣는 게 발색이 좋다.
5. 롤러는 W를 그리고, 패드는 +자를 그리며 칠한다.

② 몰딩시트지

90년대 부의 상징. 집안 곳곳에 드리워진 체리색 몰딩이다. 벽면과 천장의 경계, 벽면과 바닥의 경계. 집의 모서리를 선을 긋듯이 날카롭게 지나가는 몰딩은 오래된 집임을 증명한다.

너무 높거나 너무 낮은 위치에 있는 몰딩은 손을 뻗어 닿기도 쉽지 않다. 특히 벽지를 그대로 유지하면서 작업하려고 한다면, 몰딩페인팅은 절대 하지 말자. (벽지까지 페인트를 칠할 예정이라면 괜찮다.) 붉은빛이 도는 몰딩이 눈에 거슬려 페인트칠을 하려고 도전했다가, 5분 만에 포기하고 넋을 놓고 고민했던 기억이 난다. 얇고 길쭉한 특성과, 짙은 색이라는 특성 때문에 보양작업부터 까다롭다. 끈기를 갖고 보양작업을 마쳤더라도 의자를 옮겨가며 수 십 미터의 몰딩을 2회 페인트칠을 하다가 허리, 목, 어깨 파스도배를 하고 앓아누울 지도 모른다.

몰딩에 젯소를 한번 칠했다가,
'이건 아니다.' 직감했다.
시트지로 깔끔하게 마무리

걸레받이도 역시 시트지로 붙여줬다.
몰딩과 같은 컬러로 맞춰주면
경계가 없어져 한층 방이 넓어 보인다.

몰딩을 제거하는 공사대신 시트지를 붙여 컬러를 바꾸는 원터치 시공을 추천한다. 간단히 스티커처럼 붙일 수 있어, 보양작업을 하는 절반의 노력만 더해도 시공을 마칠 수 있다. '몰딩시트지'라는 블랙, 그레이, 화이트 컬러 정도로 얇고 긴 띠 모양의 시트지를 시중에서 쉽게 구할 수 있다. 몰딩의 역할을 없애고 좀 더 넓은 방처럼 보이는 효과를 주고 싶다면 벽지와 가장 가까운 컬러로 바꿔주면 좋다. 블랙 & 화이트의 모던한 콘셉트의 방이라면 몰딩을 블랙으로 띠를 두르듯 바꿀 수도 있다.

몰딩이 꼭 처치 곤란한 골칫덩이는 아니다. 사실 가장 먼저 고려해야 할 것은 몰딩을 그대로 살리는 인테리어다. 바꿀 수 없다면 즐겨라. 발상의 전환으로 기존의 몰딩의 장점을 살리는 인테리어 콘셉트로 방을 꾸미는 방법이다. 체리색 몰딩이 있다는 건, 그것이 유행하던 시절의 집이라는 것이고, 그렇다면 장판이나 벽지 등 꼭 시공을 필요로 하는 부분이 많을 확률이 높다. 천장, 조명, 벽지, 장판, 거기에 몰딩까지 시공을 하려면 너무 험난할 수 있다.

만약 브라운 몰딩을 자연스럽게 살려주는 원목가구를 들이거나, 내추럴한 분위기를 더하는 식물 놓기, 브라운 컬러를 포인트 컬러로 한 색 배치하기 등의 방법으로 몰딩을 장점으로 바꿔주면 한층 쉬운 인테리어를 할 수도 있다. 벽지는 페인팅, 몰딩은 교체, 장판은 새로 깔기 등의 고정관념을 내려놓고 자유롭게 구상하는 것이 중요하다.

모르는 누군가가 살 곳이 아니라,
바로 내가 지낼 공간이라는 것을 잊지 말자.

③ 형광등 교체

3가지의 미니멀한 시공 중에 가장 중요한 것을 꼽으라면, 조명이다. 시선을 압도하는 요소이기 때문에, 어떤 디자인의 조명이 있는지, 빛의 밝기와 색이 어떤 지에 따라 전체적인 분위기는 크게 달라진다.

'카페'를 행복함이 있는, 머무르고 싶어 하는 공간으로 여기는 가장 큰 이유는 조명에 있다. 노란빛이 채우고 있는 카페를 가면 왠지 기분이 좋아진다. 카페 내부를 둘러보면 형태, 높이가 다양한 조명이 어우러져 있는 것을 볼 수 있다. 다채로움이 주는 산뜻함이 집과는 다른 분위기를 내는 것이다.

실제 이런 일도 있었다. 한 횟집에서 파란 불빛을 내뿜는 조명을 사용했다. 사장님은 바닷 속에 들어와있는 듯한 느낌을 내려고 했나보다. 하지만 슬프게도 파란 불빛은 입맛을 떨어지게 하고, 기분을 차분하기 때문에 음식점의 불빛으로는 적합하지 않았다. 몇 개월간 손님이 없어 고민을 하는 사장님께 노란불빛의 조명으로 교체하고, 그릇을 깔끔한 화이트로 바꿔보는 것이 어떠냐고 제안했다. 신기하게도 조명과 식기를 교체한 후, 한둘 손님이 찾기 시작했고 결국은 신선함으로 인정받아 맛집으로 자리 잡을 수 있었다.

사람은 빛과 분위기에 크게 영향을 받는다. 조명이 없다면 아무리 환상적인 소품을 갖추고 있다 한들 의도한 분위기를 만들어 낼 수 없다.

같은 공간

다른 느낌

홈스타일링 TIP

형광등 교체하기

준비물 : 조명기구세트, 전동드릴, 니퍼

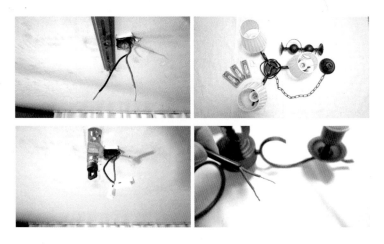

* 안전하게 두꺼비집 '전등' 스위치 OFF

1. 기존의 형광등을 제거하고,(고정 장치를 돌리면 쉽게 제거 가능하다.)
   굵직한 2개의 전원선만 남겨둔다.

2. 조명기구를 준비.
   (조명사이트에서 구매하면 설치할 때 필요한 부품이 모두 들어있다.)

3. 새 브래킷을 설치한다.

4. 천장의 전원선과 조명의 전원 선을 커넥터에 하나씩 연결한다.
   (순서는 상관없다. 1,4번 사진 속 전원 선을 각각 연결하면 된다)

4
탐나는 공간의 비밀

기본적인 보수와 시공을 마친 후에는 본격적으로 그림을 그려나가야 할 때. 시작은 가구의 제대로 된 위치를 찾아주는 것부터다.

새로 입주한 집임에도 답답하고 집에서 지내는 것이 불편해 인테리어 상담을 의뢰하기도 한다. 이런 경우 공간에 어울리지 않는 크기의 가구가 있거나 가구 배치가 잘못되어 있는 경우가 대부분이다. 똑같은 원피스도 체형에 따라 어울리기도 어울리지 않기도 하는 것처럼, 공간도 형태와 특성에 따라 가구가 어울리기도 하고 그렇지 않기도 하다. 그 가구가 있어야 할 곳을 찾아주는 것. 집 안의 큰 틀인 레이아웃(layout)을 정하는 것이다.

집 전체로 보면 공간별 사용 용도를 나누고, 동선이 편하도록 방 안의 가구배치와 공간 구획을 해야 한다. 특히 하나의 방에 다양한 기능이 존재하는 원룸인 싱우, LDB (living, dining, bed) 구분을 해야 한다. 즉, 위치에 따라 용도가 다름을 경계 짓는 것이다. 자는 공간이 요리하고 식사를 하는 공간과 가까이에 있다면, 사용하는 내내 불쾌감이 들 것이다. 또, 공부를 하는 치열한 공간과 휴식을 위한 공간은 널찍이 떨어져 있는 것이 정신건강상 좋다. 공간의 기능을 나눠 우리 뇌리에 구분된 공간으로 인식하게 하는 것이 중요하다.

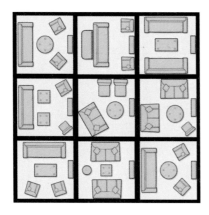

공간을 구분 짓는 가장 좋은 방법은 가구를 활용하는 것이다. 부피가 크고 사용하는 면이 정해져있는 가구는 어느 쪽을 바라보는 배치를 하느냐에 따라 공간 구분을 짓는 가벽효과를 낼 수 있다. 예를 들어, 원룸에서 부엌 공간과 앉아서 쉴 수 있는 리빙 공간을 나누고 싶다고 해보자.

그럴 땐, 소파나 식탁과 같은 가구를 활용하면 공간을 쉽게 나눌 수 있다. 부엌을 등지는 방향으로 소파를 두거나 식탁을 가로로 둬 시각적으로 공간이 나눠지도록 하는 방법이다. 가구는 두는 방법으로 원하는 곳을 나누는 효과를 얻을 수 있다. 침대 옆에 낮은 책장을 가로로 눕혀 공간분할을 하면 보다 아늑하고 분리된 듯한 침실공간을 만들 수 있다.

넓은 공간은 여러 가지 동선이 가능하기 때문에 고민 없이 여유롭게 배치해도 괜찮지만 좁은 공간을 1평이라도 넓게 사용하고 싶을 땐 큭 걱정거리가 될 수 있다. 그럴 땐 다음 5가지를 떠올려보자.

공간이 넓어 보이는 5가지 가구 배치법

· 옷장과 같은 큰 부피의 가구는
  문을 열었을 때 시선을 막지 않도록 배치한다.

· 낮은 가구를 가로로 배치한다.

· 높은 곳엔 오픈형 선반을 사용한다.

· 종류가 달라도 폭이 비슷한 가구처럼 맞춰 둔다.

· 직사각형 방인 경우, 긴 면에 가구를 붙여 배치한다.

먼저 시각적으로 최대한 여백을 늘여줘야만 답답하지 않은 가구배치를 완성할 수 있다. 특히 옷장이나 책장과 같은 키가 높은 가구가 있다면 문을 열었을 때 먼저 시선이 가지 않는 곳에 배치하는 것이 좋다. 만약 새로 구매를 해야 하는 경우라면, 2m의 좁고 높은 가구를 들이는 것보다 1m의 낮은 가구 2개를 옆으로 나란히 붙여서 두는 편이 훨씬 좋다. 꽉 차있는 벽은 좁은 공간을 더욱 답답해 보이게 하기 때문이다. 벽에 여유 공간을 두었다면, 추가 수납은 선반을 사용해보자. 선반은 벽을 끊지 않고 연결되어 보이게 할 수 있기 때문에, 좁은 공간일수록 시선을 연결되도록 해 조금 더 탁 트인 느낌을 줄 수 있다.

좁은 공간에서 사용할 가구를 구매할 때 다리가 있는 가구를 선택하는 것도 최대한의 여백을 두는 방법이다. 바닥이 보이는 제품을 고르면 벽 뿐만 아니라 바닥에도 공간의 여유를 느끼게 만들 수 있다. 공간이 좁다면 천장, 벽, 바닥에 어떻게 여백을 만들지 곰곰이 생각해보자.

방에 최대한의 여백을 만들었다면, 이번엔 라인을 생각해보자. 폭이 들쑥날쑥하고 키가 다른 가구는 라인이 툭툭 끊기게 만든다. 방을 이루는 선이 부드럽게 연결되면 공간은 넓어 보이는 효과가 있다. 따라서 가구를 추가구매하거나 교체할 때는 기존에 사용하는 가구와 폭과 높이가 비슷한 가구를 구입해 들쑥날쑥 하지 않게 만들어야 한다.

직사각형 형태의 길쭉한 방의 경우에도 마찬가지다. 길게 연결되는 라인을 고려해 긴 면을 살려서 가구들을 벽 쪽으로 배치해야한다. 그러면 현관을 열고 들어왔을 때, 트여있는 긴 바닥면으로 시선이 집중되면서 보다 넓어 보이는 효과를 낸다. 이처럼 길게 이어지는 라인은 산뜻한 인상과 함께 정돈된 느낌을 일으키며 시선이 분산되는 것을 막는다.

공간을 나누는 방법은 가구 배치 뿐 아니라 간단한 소품으로도 가능하다. 이는 특히 일반 아파트의 방이 침실 겸 드레스룸, 서재 겸 휴식 공간 등 2가지의 기능을 함께 소화해야 할 때 활용하면 좋다.

· 식물배치
· 벽과 바닥 색 구분하기
· 바닥의 높이 다르게 하기

1m 이상의 큰 식물을 들이거나, 플랜트 스탠드(plant stand : 화분을 올려두는 받침대로 작은 화분도 높이 위치할 수 있도록 하는 인테리어 소품)를 활용할 수 있다. 시선이 끊기는 효과가 있어 식물 너머와 앞쪽의 공간을 분할하는 효과가 있다. 특히 현관이 따로 없는 곳이라면 키가 큰 식물을 활용해 시선을 고정시키는 방법을 추천한다. 부엌 공간을 나누고 싶은데 식탁으로는 부족하다면, 식물을 옆에 함께 둬 존재감을 드러내는 것도 좋다.

또, 구분하고 싶은 곳의 벽면이나 바닥의 색을 다르게 만드는 방법도 있다. 포인트 벽은 이럴 때 빛을 발한다. 하나의 공간을 여러 가지 기능으로 활용할 수 있다. 부분 페인트칠을 해 완전히 다른 공간인 것처럼 느낌을 줘도 좋고, (뒤에서 설명하겠지만) 원단을 활용해 느낌 있는 공간을 만들어도 좋다. 같은 원리로 러그로 바닥을 덮어주면 다른 공간과 분리된 효과를 낼 수 있다. 뿐만 아니라 바닥에 단을 만들어 높이를 다르게 하는 것도 좋다. 낮은 수납서랍장을 계단식으로 만들어 활용하는 아이디어도 활용해보면 좋다.

작업 공간의 한 구석에 러그와 작은 의자를 두어 생각할 수 있는 휴식 공간을 만들어 둔 디자이너의 작업실을 본 적 있다. 작업을 진행하면서 머리가 복잡하거나 차 한 잔 마시고 싶을 때 그 공간으로 가서 휴식을 취한다고 한다. 바로 이것이 제대로 공간을 나누는 방법이다. 특별하게 공사를 하거나 석고보드로 가벽을 만들 필요가 없다. 간단한 방법으로도 공간을 나누고 그 곳에 특별함을 더할 수 있다.

가구와 식물, 인테리어 소품 등이 어디에 있을 때 보다 편리하고, 특별한 존재로 인식될 수 있을지 생각해보자.

5
그래, 나답게 홈드레싱

먼지 하나 없을 것 같은 하얀 가구들만 덩그러니 놓여있는 집에 들어서면 괜히 불안하다. 만져도 될지, 앉아도 되는지 걱정스럽다. 반면, 옷이 쌓여있어 발 디딜 틈도 없는 집은 답답한 마음이 앞선다.

미니멀리스트의 삶도, 맥시멀리스트로서의 삶도 모두 사랑한다. 그러나 극단적인 집은 일상을 불편하게 만든다. 꾸밈을 시작하기 전엔 말끔한 바탕이 있어야 한다. 수납이란 시간을 단축해 효율적으로 살기 위한 정돈이다. 인격이 성숙하기 위해서는 중용을 지켜야 하듯, 공간도 중용의 미를 갖춰야한다. 가장 이상적인 정도는 6:4. 60%는 보이지 않도록 가려주고, 나머지 40%정도는 드러내는 것이다.

낮은 서랍장과 같이 수납 가능한 가구를 활용하면 안정감 있는 정리가 가능하다. 가구를 들일 여유가 안 된다면 수납함을 활용하는 것을 추천한다. 필요한 곳으로 간편하게 이동할 수 있고, 라벨링을 통해 정돈된 물건을 쉽게 찾을 수 있기 때문이다.

수납함의 재료,
종류 정말 다양하다

공간이 제대로 드러나도록
알맞은 사이즈의 수납함을 활용해보자

후회 없는 수납함 고르는 방법

· 줄자를 이용해 수납함이 필요한 공간의 사이즈를
  측정한다.

· 플라스틱, 철제, 패브릭, 라탄 등 재질과 디자인을
  고려해 검색.

· 뚜껑, 손잡이, 적층가능한지 꼼꼼히 살핀다.

· 수납할 양을 고려해 구매할 개수를 정한다.

· 통일감 있게 한두 가지 종류로 구매하는 것이 좋다.

수납함 고르기는 둘 곳의 사이즈를 정확히 측정하는 것부터 출발한다. 그렇지 않으면 정리를 위해 구매한 수납함마저 짐이 돼버릴 수 있다. 똑같이 라탄무늬의 바구니에 짐들을 담아 놓은 것 같은데 오히려 짐이 느는 것 같다고 고민을 호소하는 경우가 있다.

이럴 때는 2가지 수정해야할 포인트가 있는데 첫째는 공간의 알맞은 사이즈의 수납함으로 교체하는 것, 그리고 컬러를 통일하는 것이다. 각 가정에서 사용하는 가구의 사이즈는 모두 다르고, 수납해야할 짐의 양도 모두 다르다.

반드시 수납함을 결정하기 전에는 줄자를 이용해 가로세로 길이와 폭을 꼼꼼히 체크하자. 요즘엔 온라인 상세정보가 훌륭히 제공되기 때문에, 사이즈를 비교하기가 쉽다.

또 한 가지 간과하기 쉬운 부분이 뚜껑이나 손잡이의 유무다. 오랫동안 수납해야할 것인지 담아두고 자주 사용하는 짐인지를 파악해 사용성에 맞는 수납함을 골라야한다. 만약 계절이 바뀌면서 정리할 옷가지를 넣어둘 수납함을 찾고 있다면 뚜껑이 있어 먼지나 오염물로 보호할 수 있는 제품을 골라야 한다.

반면, 모자나 스카프 등 자주 꺼내 사용하는 액세서리 보관함이라면 적층이 되 깔끔하게 보관할 수 있는 제품이거나 투명해 내용물이 보이는 제품을 사용하면 필요할 때 쉽게 꺼내 사용할 수 있다.

정돈된 공간이야말로
산뜻한 에너지를 내뿜는다.

친구들의 집에 놀러 가면 신기했다. 같은 아파트 옆 동 친구네집이지만 현관 향기부터 느낌이 달랐다. 집과 공간에 대한 호기심은 그 때부터였을까. 거실장도 비슷하고, 소파와 커튼, 쿠션의 위치도 같았지만 전혀 다른 분위기가 났다. 그래서인지 새로운 집, 새로운 공간에 가는 것을 좋아했다. 그런 새로움은 흥미롭게 다가와 공간을 연출해나갈 꿈을 가졌는지도 모른다.

집은 주인을 닮는다. 어떤 생각, 어떤 라이프 스타일을 갖느냐가 드러나는 솔직한 곳이 바로 집이다. 유행대로, 규칙대로 집을 꾸미는 건 슬픈 일이다. 마치 유명 초중고대학교를 졸업해 대기업에 취업하거나 공무원이 되는 것이 성공의 공식처럼 말하는 슬픈 사회를 보는 것 같다. 내가 살아가는 공간인데 객관적 기준이 어디 있겠는가. 단지 선택일 뿐이다. 내가 원하는 대로 소신껏 찾아보고 자신 있게 만들면 그것이 최고다.

지금부터 공간에 색과 분위기를 입힐 6가지 홈드레싱 방법을 설명한다. 가장 나다운 것은 무엇일지, 맘에 드는 건 어떤 것인지 생각하며 살펴보자. 꽃 한 송이로 시작해 향기 가득한 공간을 만들기 위해.

그저 나답게,
공간을 물들여보자.

색감 물들이기

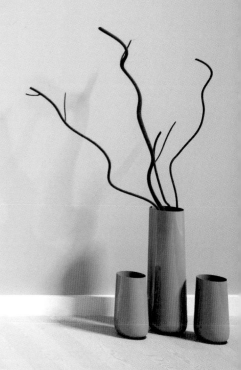

1
텍스타일

여행을 가면 꼭 살펴보는 것 중 하나가 그 나라의 시장에 있는 원단이다. 다양한 패턴과 그 지역의 색채를 담고 있다. 특히 천연 염색으로 만들어진 원단은 각 지역별로 염료가 달라 색감도 많이 다르다. 아프리카 여인들을 떠올리면, 아주 선명한 컬러에 화려한 패턴이 있는 옷을 입은 모습이 떠오른다. 이처럼 원단은 그 나라의 분위기를 담고 있기 때문에, 이국적인 분위기를 집으로 옮길 수 있는 특별한 방법이다. 일본으로 여행을 갔다가 벚꽃이 흐드러지는 원단을 구매한 적이 있다. 봄이 될 무렵 핑크빛 원단을 꺼내 벽에 늘어뜨렸을 때의 그 느낌이란. 다시 한 번 오사카에 간 듯했다.

컬러가 다양하면서 구하기 쉬운 재료. 원단이다. 텍스타일은 퀼트나 담요 또는 태피스트리처럼 직물로 이루어진 장식 소품을 뜻한다. 그런 텍스처를 이용해 넓은 면적을 지배하면 방을 원하는 스타일로 물들이는 건 간단하고 쉽다. 특히 개성 있는 포인트 컬러를 방에 표현하고 싶은데, 바꾸기가 어렵다면 텍스타일에 주목해보자. 집 안 인테리어를 바꾸기 위해 가구를 다 들어내고 벽지를 새로 바르거나 페인팅을 하지 않고도 새로운 공간처럼 분위기를 바꿀 수 있다.

흔히 패션에 사용되는 '천'은 옷뿐만 아니라 인테리어 재료로서 훌륭한 장점을 갖고 있다.

· 가격이 저렴하고 구하기 쉽다

· 패턴과 컬러가 다양하다

· 가벼워 고정이 쉽다

예전에는 시간을 내 동대문이나 전통 시장을 방문해야 직접 원단을 구매할 수 있었다. 하지만 인터넷으로 모두 연결이 되면서, 새벽부터 발품을 팔아야하는 수고로움을 덜 수 있게 되었다. 집에서 컬러와 패턴 소재까지 꼼꼼하게 살펴보고, 맘에 드는 양을 주문할 수 있다. 뿐만 아니라 도매 직 배송으로 오히려 가격까지 더 저렴하기도 하다. 디자인 실습을 하고 인테리어 작업을 하면서, 수없이 시장을 돌아다녀봤지만 온라인만큼 원하는 것을 고르긴 쉽지 않다.

"그래도 직접 보고 사야지……." 싶은 마음이 들다가도 하루 종일 찾지 못하고 허탕을 지고 돌아오는 날에는 "질대 가지 말아야지!"하는 만이 들곤 한다. 이제는 특별히 알고지내는 매장이 아닌 경우에는 대부분 온라인 상점을 이용한다. 특히 소량으로 취미삼아 D. I. Y 수작업을 하려 한다면, 온라인을 적극적으로 이용해보자. 소재의 특성만 파악한다면 편하게 앉아서 만족감 높은 쇼핑을 할 수 있다!

좋아하는 원단 사이트를 즐겨찾기에 저장해두고 수시로 들어가 구경하는 편이다. 특히 계절이 지나면서 세일을 하거나, 새로 나온 패턴의 원단을 할인하는 경우가 있는데, 이럴 때 3~5마 정도 넉넉하게 구매해둔다. 이럴 때 구입하면 더욱 부담 없이 1마에 2천원~5천 원 대로 특별한 원단을 구비해둘 수 있다. 이렇게 구매해둔 원단은 차곡차곡 접어서 서랍장이나 수납함에 넣어둔다. 가끔 기분 전환이 하고 싶을 땐, 상자를 열어 알록달록한 원단을 골라 의자나 소파에 걸어두기도 한다. 신기하게도 한결 산뜻한 기분과 함께 공간이 살아있는 듯한 경험을 할 수 있을 것이다.

오늘따라 방이 지루해 아쉽다면 계절감이 드러나는 원단을 슬쩍 둘러보자. 귀여운 꽃무늬도 좋고, 근사한 에스닉 패턴도 좋다. 컬러와 패턴뿐 아니라 어떤 재질로 이루어졌느냐 하는 텍스처도 분위기가 큰 영향을 미친다. 여름이라면 상큼한 블루 컬러에 하늘하늘한 시폰 원단을, 추워지는 겨울이라면 눈을 놀일 듯한 뜨거운 레드 컬러에 기하학적 패턴을 더한 과감한 원단을 사용해도 좋다. 특히 겨울엔 보송보송한 극세사 원단을 더하면 휑했던 방에 한층 포근함이 돈다.

개성 있는 포인트 컬러를 방에 표현하고 싶은데,
바꾸기가 어렵다면 텍스타일에 주목해보자.
'천'은 패션에 활용하는 재료라 생각하지만
훌륭한 인테리어 재료로서의 장점을 갖고 있다.

쉬운 홈드레싱 TIP

원단 구매하는 방법

① 오프라인 샵

: 도매 시장을 방문하려면 시간을 잘 맞춰 가야한다. 직접 샘플을 보고 비교적 저렴한 가격에 구매할 수 있다는 장점은 있지만 수많은 매장을 돌아다니며 비교하는 것이 쉽지 않다. 특히 한두 개 가정에서 사용할 제품을 구매할 목적이라면 비 추천.

　– 동대문 종합시장 : am 8~pm 6 (일요일 휴무)
　– 고속터미널 원단시장(2,4층) : 매장마다 상이

② 온라인 샵

: 원단의 용어에 대해 조금만 파악한다면 온라인 구매를 추천한다. 인터넷을 통해 컬러와 패턴을 비교하고 1마 단위로 구매할 수 있다. 최근엔 온라인 원단 사이트가 많아지면서 도매시장 못지 않은 저렴한 가격에 구매할 수 있어 좋다.

　– 천가게
　– 선퀼트
　– 데일리라이크

1-1
벽지를 대신하는 원단

"전셋집에 꽃무늬 벽지가 있어요. 집주인이 시공은 절대 안 된다는데 어쩌죠?"

전월세의 설움을 제대로 느낄 수 있는 순간이다. 전월세인 경우 내 맘대로 방의 모든 것을 바꾸기가 매우 어렵다. 때문에 벽이나 장판, 옵션으로 들어와 있는 가구 등을 통일감 있게 교체하기가 쉽지 않다. 인테리어 문의를 주는 분들 중에도 계약이 1년이 남았는데, 어떤 걸 바꿔야 할지 모르겠다. 장판은 사비를 들여 바꿨는데 큰 변화가 없는 것 같다 등 고민을 토로하는 경우가 많다. 그 중에서도 가장 골칫거리가 바로 벽지. 낡은 벽지라면 바꿔달라고 요청을 하겠지만, 지난 유행을 따랐던 꽃무늬의 흔적은 사비로 교체하긴 억울하다. 그럴 때 넓은 면적을 원하는 컬러와 패턴으로 자국 없이 교체하는 방법이 바로 원단을 사용하는 것이다.

원단은 '마'라는 단위로 판매하는데, 1마는 보통 폭 90cm에 길이 110cm의 사이즈이다. 대폭 사이즈인 경우 폭이 110cm에 길이가 134~145cm

까지 있다. 얇고 가벼운 리넨이나 쉬폰 재질은 시침핀을 이용하면 깔끔하게 벽을 모두 커버할 수 있다. 커버할 벽면의 가로세로 길이를 측정한 후, 원단의 양을 결정하자.

전체가 부담스럽다면, 부분적으로 공간에 활력을 주는 방법도 있다. 2마 정도를 늘어뜨리는 포인트 벽을 추천한다. 질리지는 않으나 임팩트가 없는 화이트 계열의 벽지라면 특히나 원단으로 포인트 벽을 만들어보자. 기념하고 싶은 특별한 날에 화려한 패턴의 원단을 고르거나 봄, 여름, 가을, 겨울 계절에 따라 원단을 둘러주는 것도 좋다.

원단으로 벽지를 바꾸는 방법이 더 재미있는 건 재활용이 가능하다는 점이다. 롱 커튼을 길이만 수선해 창문 커튼으로 활용하기도 하고, 테이블보로 리폼하기도 한다. 이렇게 원단엔 트랜스포머 같은 매력이 숨겨져 있다.

인테리어에 활용하기 좋은 원단 종류는 크게 3가지

1. 면직물　　　2. 마직물　　　　3. 특수직물 (극세사, 쉬폰)

가장 많이 사용되는 건 면직물이다. 10수 옥스퍼드 면은 에코백이나 캔버스 재질이다. 두툼하고 묵직하게 무게감이 있어 겨울 커튼으로 사용하기 좋다. 20수 ~ 40수 면직물은 용도에 따라 골라 사용하면 된다. 부드러운 쿠션커버, 면 커튼, 티코스터 등 다양하게 활용할 수 있다. 세탁이 쉽고 가격이 저렴한 편. 그 중에 아사면은 시원하고 통풍이 잘 되는 재질이어서 여름 침구로 사용하면 좋다.

리넨과 같은 마직물은 식물소재로 질긴 특징이 있다. 특유의 거친 질감과 비침이 있어 공간에 감성적인 느낌을 더한다. 은은한 비침이 있어 공간을 나누는 가벼운 커튼으로도 사랑받는다. 또, 만져보면 금세 차가워지는 촉감을 느낄 수 있어 여름철 쿠션이나 베드, 소파 스프레드로 활용하면 좋다.

극세사는 보송한 촉감과 긴 털이 눈에 보이는 포근함으로 겨울에 방석이나 쿠션, 스프레드 등으로 활용하면 시각, 촉각적으로 보온효과가 있다. 반면 여름의 뜨거운 햇빛은 차단하면서, 바람은 통하게 하는 쉬폰재질은 패턴이 있는 원단을 걸어만둬도 시원한 분위기를 낼 수 있다.

옷 대신 인테리어를 위한 원단.
밋밋한 공간에 활력을 불어넣어 보자.

쉬운 홈드레싱 TIP

시침핀과 꼭꼬핀 활용

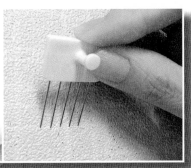

① 시침핀

: 일반적으로 원단을 고정할 때 사용하는 시침핀이다.

원단을 벽에 고정할 때 흠없이 사용할 수 있다.

벽지와 몰딩 사이의 틈에 시침핀을 꽂아주면 감쪽같다.

② 꼭꼬핀

: 못 없이 벽면에 액자를 걸거나, 작은 거울 등을 걸고 싶을 때 활용하기 좋은 것이 바로 꼭꼬핀이다. 벽지는 시멘트벽과 약간의 틈이 있기 때문에 그 틈새에 꼭꼬핀을 살짝 기울여 꽂으면 쉽게 고정시킬 수 있다.

1-2
포컬 포인트 만들기

시선을 확 사로잡는 인테리어. 꼭 있어야 할 것이 바로 포컬 포인트(focal point)다.

모던한 인테리어는 기본적으로 블랙, 화이트, 그레이의 무채색의 군더더기 없는 매치로 이루어진다. 하지만, 자꾸만 보고 싶고 있고 싶은 끌리는 공간은 밋밋하거나 지루하지 않다. 요즘 인스타그램이나 블로그의 인테리어 맘들을 보면 기하학 무늬와 자연을 닮은 소재의 소품들을 블랙 앤 화이트 배경에 들여놓은 스칸디나비아 스타일의 인테리어가 많다. 어떤 집은 이웃추가를 해두고 계속 보고 싶고, 어떤 집은 왠지 공간 전체가 아니라 소품만 덩그러니 놓여있는 듯하다. 왜 그럴까?

포컬 포인트가 있느냐, 없느냐의 차이다. 2장에서 설명했던 통일감의 중요성은 두말할 필요 없지만, 매력 있는 집으로 완성되는 마무리 과정은 취향을 담은 소품을 두는 것. 그것으로 시선을 압도하는 포인트를 만드는 것이다. 하루 18시간 공부만 하는 모범생보다는 얼굴도 잘생기고 공부도 잘하는 만화 속 오빠(?)에 더 이끌리는 건 자연의 이치가 아닌가.

시선을 멈추게 하는 포인트

시선이 머무를 공간을 만드는 데에는 원단이 큰 역할을 한다. 틀만 앙상하게 있는 창문에 주름이 풍성하게 잡힌 펀칭스타일 커튼을 더하면 해가 뜨면서 틈새로 비추는 햇살이 은은한 조명처럼 느껴지기도 한다. 그레이 컬러 패브릭 소파에 다이아몬드 패턴이 새겨진 볼륨감 있는 쿠션을 3개쯤 두고, 보드라워 만져보고 싶은 아이보리 블랭킷을 걸쳐두면 최고급 가죽 소파 부럽지 않다. 특히 거실은 우리 집의 첫인상이라 할 수 있기 때문에, 임팩트 있는 인테리어를 해두는 것이 좋다. 회사의 면접도 8할 이상이 첫인상이라고 하지 않던가. 소파 아래 러그를 깔아두는 것도 좋은 방법이다. 단모와 장모, 밝은 색과 어두운 색을 조화롭게 배치하면 다시 오고 싶은, 부러운 집을 만들 수 있다.

행복한 사람이 되는 길은 일상에서 소소한 행복을 느끼는 것으로 시작한다. 단순하게 '얼굴을 찌푸리는 생활 속 순간을 바꾸자'는 생각을 공간에 적용시키기로 했다.

'집에서 생활하면서 기분이 상했을 때는 언제였지?'

하루 일과를 마치고 집에 들어와 따뜻한 물로 개운하게 씻었다. 수건을 집어 들고 얼굴을 묻었다. 쾌쾌한 냄새……. 게다가 물기는 흡수가 되지 않아 겉도는 느낌이 난다. 인상을 살짝 썼다가 '휴……. 그냥 옷 입자' 찝찝한 기분으로 잠옷을 갈아입고 침대에 누웠다. 쌀쌀한 겨울이지만 아직 바꾸지 않은 폴리에스터 이불이 차갑게 몸에 닿는다. 한숨을 내쉰다. 어쩔 수 없이 몇 분을 웅크리고 따뜻해지길 바라며 잠이 든다.

지긋지긋한 불쾌함!
반면 고급 호텔에서의 1박은 우리 집에서 지내는 것과 다르다. 공간도 좁은 데다 가구나 TV는 조금 더 새 제품이라는 것 외에는 다를 바가 없다. 하지만 호텔에 머문 시간은 충분히 대접받은 것처럼 행복하게 기억에 남는다.

그 이유는 무엇일까?

바로 공간에서 느낄 수 있는 사소한 배려의 차이다. 호텔을 떠올리면 새하얗고 보송보송한 수건에 누구면 폭신하게 감싸는 새하얀 이불이 떠오른다. 씻고 난 후의 깨끗함을 보송하게 감싸 유지하고, 잠을 청하는 그 순간에도 따뜻하게 몸을 감싸며 체온을 유지해준다. 실제로 특급 호텔이 일반 호텔과 가장 다른 점은 청결한 커버의 구스이불과 이집트면 40수 이상의 고급 수건을 제공한다는 것이다.

이런 행복은 특별한 것이 아니다. 이런 차이를 떠올렸다면 단지 내 방, 우리 집도 일상을 배려하는 곳으로 변화를 줄 수 있다. 선반 위에 올려둘 인테리어 소품이나 장난감 등을 보관해둘 수납장과 같이 시각적인 효과를 제공하는 제품은 굳이 고가의 제품을 살 필요가 없다. 기분에 따라, 계절에 따라 바꿔주는 스타일러라면 더욱 그렇다.

하지만 매일 6시간 이상, 인생의 30% 이상을 피부를 맞대며 느껴야하는 침구와 하루에도 수십 번 손과 얼굴에 닿는 수건은 다르다. 만약 내가 지내는 공간에서 조금 더 행복해지고 싶다면, 일상에서 가장 접촉이 많은 침구, 수건과 같은 제품에 투자하라고 권하고 싶다.

어떤 색과도 잘 어울리는 화이트는 깨끗하면서도 포근한 침실 분위기를 만들어준다. 특히 도화지 같은 매력이 있어 포인트를 줄 수 있는 컬러풀한 쿠션이나 베드러너를 바꿔 올리면 갓 새로 장만한 침구 같은 매력을 뽐낸다. 하지만 자칫 관리가 어려워질 수 있는 순백색인 침구는 무엇보다 재질을 고르는 것이 중요하다. 가격대비 가장 만족도가 높으면서 사계절 내내 사용할 수 있는 소재는 100% 면이다. 손으로 만져보아 부드러운 느낌이 나는 면제품을 사용하면 사계절 내내 이불솜만 교체해 사용할 수 있다. 이불솜은 오리털이나 거위 털로 만들어진 제품을 활용하는 것이 체온유지와 흡습성에서 뛰어나다. 또, 겨울철에는 포근함 촉감의 극세사 이불을 매트리스 패드로 활용하자.

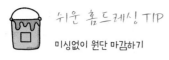

쉬운 홈드레싱 TIP

미싱없이 원단 마감하기

준비물 : 원단 마감테이프, 다리미

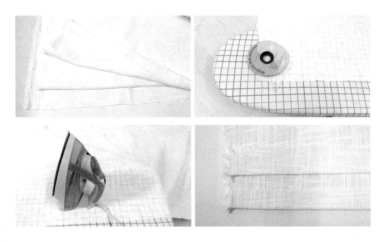

① 마감이 필요한 원단은 어떤 것도 가능하다.

시폰 원단에서 옥스퍼드 원단까지 가능!

② 원단 테이프를 준비한다.

생활용품을 몇 천원에 판매하는 매장에서 쉽게 구할 수 있다.

③ 다리미의 열을 3단계 정도로 설정 후, 끝단에 테이프를 대고 다림질

을 한다. (얇은 쉬폰원단은 손수건을 더하고 다림질을 하면 늘어나

는 것을 방지할 수 있다.)

④ 깔끔한 원단 마감 성공

2
종이

'색종이'. 초등학교를 다닐 때, 준비물 가방에 꼭 넣고 다니던 재료였다. 접어 왕관을 만들기도 하고, 고급기술을 뽐내며 크리스마스를 장식한 종이 트리를 만들기도 했었다. 언젠가는 반짝이와 파스텔 색종이가 등장해 선풍적인 인기를 끌었다. 색색별로 모아가며 뿌듯한 마음으로 수집하기도 했었다.

공부와 가까워지면서 종이는 놀이에서 선생님으로 변해갔다. 교과서, 참고서 지식을 가득 담은 것도 역시 종이였다. 너무나 흔한 재료였기에 소중하다는 생각을 하기 어려웠던 것 같다. 동심으로 돌아가 종이를 소중히 여기게 된 계기는 스무 살 되던 해 하드커버의 핑크색 다이어리가 생기면서였다. 나만의 비밀 이야기를 담는 다이어리. 일거수일투족을 함께 하며 어딜 가나 곁에 있는 단짝친구였다. 종이에 글을 쓰며 위안을 받기도 하고, 기억을 정리하기도 하며, 미래를 꿈꾸기도 했다.

어쩌면 세상에서 가장 흔한 재료일지도 모르지만, 종이가 주는 위안이 있다. 종이 한 장을 들여다보고 있으면, 커다란 나무 한그루가 떠오른다. 큰 기둥은 가구로 내어주고, 가지는 벽난로를 밝히는 땔감으로, 그리고 편리하게 사용할 수 있는 종이를 내어준다. 공간을 다루는 나는 인테리어를 하다보면 그 고마움을 절실히 느낀다. 원목자체의 결이 살아있는 가구는 어찌나 아름다운지... 나뭇가지에 바닐라 향을 입힌 포푸리를 켜두면 한 순간 그 공간의 분위기가 얼마나 바뀌는지 느끼면 더욱 그렇다.

가장 쉽게 구할 수 있는 재료이자, 가볍고 간편하고 유용하다. 종이는 한마디로 가성비 최고의 재료다. 종류도, 색감도 어찌나 다양하고 사랑스러운지, 볼수록 예뻐보여 기특해지기도 한다.

이번 장에서는 고마운 종이를 활용해 공간에 감성을 들이는 방법을 전하려고 한다. 생각 없이 버릴 수 있는 흔한 재료이지만, 그 소중함을 한 번쯤 생각해보길 바란다. 이름을 불렀을 때 나에게 다가와 꽃이 된다는 김춘수의 아름다운 시처럼, 무심코 지나치던 종이를 공간을 향기롭게 채우는 꽃으로 여기길 바라며…….

종이는
우리에게 위안을 주는 존재다.

2 - 1
허전한 곳엔 종이 소품을

바닥에는 가구, 천장에는 조명이 화려하게 장식하고 있다. 그 중간에서 갈 곳 없이 왠지 허전하게 보이는 곳이 벽이다. 어느 정도의 여백이 있어야 공간이 숨을 쉬지만, 편평해 자친 2D의 밋밋함이 느껴질 수 있다. 가장 쉽게 해볼 수 있는 것이 벽에 볼륨감을 더하는 '아트월'이다. 아트월이라고 해서 헤링본 시공을 하거나, 원목이나 금속 장식을 더하는 것이 전부가 아니다. 왠지 이끌리는 공간은 그리 화려하지 않다. 동네 문방구에서 구할 수 있는 색지를 이용해 소박하지만 감각적인 공간을 만들 수 있다.

벽에 종이를 활용한 소품을 붙이기 위해서는 형태를 유지할 수 있는 단단한 재료를 사용해야 한다. 그렇다고 자르기도 어렵게 딱딱한 것을 고르는 것은 금물. 아트월을 만들기 좋은 종이를 3가지 추천한다.

머메이드지를 이용한 드라이플라워 아트월

하드보드지로 만든 화병

아트월을 만들기 좋은 종이

1. 하드보드지

: 두꺼운 도화지를 여러 겹 압축한 종이다. 저렴하고 두께가 있어 형태를 유지하기 좋다. 색을 표현하는 것이 한계였으나 검정, 빨강, 초록, 노란색 등 다양한 색들이 출시돼 한층 더 유용해졌다. 단, 무게가 있어 가볍게 부착하기는 어렵다.

2. 구김지 or 머메이드지

: 빳빳한 고급 종이. 고운 색상이 다양해 가볍게 벽에 부착할 소품을 만들기 좋다. 단 무게를 지탱할 만한 힘은 없기 때문에, 드라이플라워나 가벼운 물건을 넣어두는 것이 좋다.

3. 폼보드

: 종이에 스티로폼을 더해 부피감이 있으면서도 가벼운 재료다. 부피가 큰 형태를 만들어도 벽에 부착하기 쉬워 헌팅트로피나 액자 등을 자유롭게 만들 수 있다. 단, 종이에 비해 가격대가 높은 편이다.

 나무로부터 온 종이와 식물은 찰떡궁합이다. 크라프트지에 감싸진 꽃다발을 떠올리면 단순하지만 따뜻한 감성이 묻어난다. 특히 벽을 꾸미기 좋은 식물은 드라이플라워다. 수분이 없어 가볍고, 종이가 젖거나 오염될 위험도 없다. 특별한 날 받은 꽃다발을 그대로 말려, 드라이플라워를 만들어두면 특별한 인테리어 소품 여러 개를 만들어 낼 수 있다. (집에서 드라이플라워를 만드는 방법은 4장 참고)

 색색의 종이를 접는 것은 사람의 오감 중에서 시각과 촉감을 자극한다. 여유로운 주말에 아이들과 옹기종기 모여 만들고, 어디에 붙여둘까, 즐거운 상상을 하는 것. 또는 연인과 함께 서로에게 선물할 소품을 만들어주는 즐거운 시간을 보내며 소소한 행복을 느껴보자.

쉬운 홈드레싱 TIP
양면테이프 종류와 활용법

- 강력 폼 양면테이프
: 900g의 무게까지 견디는 초강력 양면테이프. 커튼 레일까지 버티는 강력한 폼타입 양면테이프로 유용하게 사용된다. 단, 부피감이 있어 종이류를 붙이기엔 부적합하다.

- 일반 양면테이프
: 가장 흔하게 사용되는 양면테이프. 얇은 막처럼 생겨 어디에나 간편하게 사용할 수 있다. 종이 벽지에도 손상 걱정 없이 붙일 수 있어 종이로 만든 가벼운 소품을 붙이기 적합하다.

※ 벽지 손상 없이 떼는 방법 (드라이기)
: 종이 벽지인 경우에는 떼어낼 때 겉지가 뜯어질 위험이 있다. 이 때, 드라이기로 열을 충분히 가한 후 살살 떼어주면, 흔적 없이 깔끔하게 제거할 수 있다. 강력 테이프라면 꼭 이 방법을 활용하자.

2 - 2
추억걸기 사진과 엽서

새로운 공간에 가는 것을 좋아한다. 특히 태양과 가까이 하늘을 날아 올라 나오는 아주 다른 삶을 향유하는 곳을 보고 느끼는 것은 정말 특별하다. 그래서 여행하는 것이 정말 좋다. 예쁘게 차려입고 사진을 남기기 위한 여행을 하진 않지만, 내가 머물렀던 공간 그 곳의 기억을 간직하기 위해 카메라는 항상 ON. 20살이 되던 해, 홀로 유럽여행을 계획하고 떠나기로 했었다. 당시 한정된 예산과 기간 안에 많은 경험을 하고 와야 했기에 예쁘게 꾸미고 관광을 다니는 건 사치였다. 커다란 배낭을 둘러메고 발길이 닿는 대로 가 볼 테다, 다짐을 하고 비행기부터 숙소, 경험할 코스를 모두 손으로 예약했다.(그때는 지금보다 호기심이 더 넘쳤나보다.) 지금 생각해보면 국내 여행도 혼자 가보지 않은 사람이 어디서 그런 용기가 나왔는지 모르겠다.

무더운 7월 여름날, 당시 보급되기 시작했던 스마트폰을 한 손에, 다른 한 손에는 앙증맞게 들어가는 디지털카메라를 쥐고 영국에 도착했다. 새벽에 눈을 뜨면 거리로 나와 걸었다. 영국의 포토벨로 시장에서 과일

컵을 하나 손에 쥐고, 길거리를 걸으며 사람들과 상인들을 구경을 했던 기억. 프랑스로 넘어갔을 땐, 에펠탑 앞 브릿지에서 와인을 사 새벽 내내 마시기도 했다. 마지막 날엔 몽셀 미셸이라는 근교 수도원을 새벽 5시에 출발해 왕복 8시간을 걸렸던 나름의 무모한 도전도 기억이 난다. 지금은 사진을 보며 추억한다. 그것도 핸드폰의 메모리를 박살내 절반 밖에 남지 않은 디지털카메라 사진들로만. 사진은 잊힌 기억을 불러주는 매개체다. 슬프게도 아주 행복했던 기억마저도 결국엔 흐려진다. 그래서 사진이 좋다. 내 기억의 한 순간을 언제든 불러일으킬 수 있도록 즐겨찾기에 담아놓는 듯하다.

인테리어 소품을 만들 때 누구나 활용할 수 있는 재료이기도 하다. 개인의 기억이 담긴 추억 사진. 보는 사람보다 걸어두는 사람이 더욱 깊이 의미를 느낄 수 있다는 점에서 '나의 공간'을 꾸밀 최고의 재료다.

평생 잊고 싶지 않은 기억의 순간으로 내 방을 장식해보자

문득 돌아보면 미소가 지어지는 따뜻한 공간으로

또 하나의 아이템은 엽서다. 대림미술관이나 문화예술의전당의 전시를 보고 나오면 기념품샵에서 그 날의 전시를 기념하는 엽서를 하나씩 고르는 습관이 있다. 가볍게 사기도 좋고, 친구들에게 글귀를 적어 편지로 전하기도 좋다. 미술관을 좋아하는 친구가 스페인 여행에서 들렀던 전시라며 엽서에 편지를 적어 준 적이 있는데, 그 기억은 잊지 못할 만큼 따뜻했다.

엽서는 종이에 의미 있는 작품이 담겨 더욱 깊은 의미를 낸다. 이렇게 기억이 담긴 엽서도 훌륭한 인테리어 장식이 될 수 있다. 엽서를 액자에 담아도 좋고, 직접 엽서에 어울리는 액자를 만들어도 좋다. 아니면 비슷한 분위기를 내는 엽서를 한데 모아 콜라주처럼 벽에 붙여주기만 해도 멋지다.

전시뿐만 아니라 동네 독립출판 서점에서 볼 수 있는 판화나 일러스트집을 구매해두기도 한다. 슬쩍 펴봤는데 맘에 드는 색감이나 귀여운 동물그림이 그려져 있는 나의 감성과 맞는 책자라면 하나씩 사서 모으기도 한다. 어떤 그림을 붙여둘까? 책자를 뒤적이는 것도 참 소소하지만 일상에서 느낄 수 있는 큰 행복이다. 같은 작가의 판화나 일러스트가 담긴 엽서를 정렬해 붙여주면 갤러리처럼 분위기 있는 공간을 만들 수 있다.

이건 전시를 좋아하고 독립 출판 서점을 종종 방문하는 나의 이야기다. '판화를 사야겠다, 전시를 가서 엽서를 사와야겠다.'라는 생각이 있다면 잠시 멈추자. 책에서 전하는 내용을 틀에 박힌 공식처럼 생각하지 않았으면 좋겠다. 여기서 목표는 '내가 좋아하는 종이로 벽 채우기'이다. 내가 영화를 좋아한다면 모아뒀던 포스터를 꺼내 붙일 수도 있다. 혹은 박람회를 돌아다니면서 받았던 브로슈어나 맘에 드는 홍보 스티커가 있다면 그거로도 충분하다. 문방구에서 하나씩 모아온 스티커여도 좋다. 컬렉터라면 어떤 것이라도 좋다. 내가 관심이 있고 기분이 좋아지는 것을 맘껏 붙여보자.

가장 부러웠던 친구는 사람이나 동물 그림을 잘 그리는 친구였다. 캔버스 액자나 엽서만한 종이에 직접 그려서 꾸미고 싶다는 생각이 들지만, 그리면 왠지 추상화 같은 현실……. 만약 그림을 잘 그린다면, 웹툰처럼 그려도 좋고 연필로 라인만 그린 그림을 붙여놓아도 좋다. 그런 완벽하지 않은 듯한 모습이 더욱 감성적으로 느껴지니까 말이다.

2 – 3
가볍고 튼튼하게 종이가구

종이의 가장 화려한 변신, 바로 가구다. 한 장, 두 장 종이가 모여 만들어진 가구는 그 어떤 것보다 가볍다. 특히 수납함을 이용해 수납장으로 활용하는 것을 추천한다. 원룸에서나 처치 곤란한 짐들을 정리해두기 좋은 재료다. 천연 재료일 뿐만 아니라, 조립도 간편해 남녀노소 접근성이 매우 좋다. 종이 가구를 선택했던 이유는 압도적인 가격 차이였다. 1년을 지낼 공간에서 비싼 서랍장을 살 필요는 없었다. 이동이 편해 원하는 곳에 분리해서 두기도 좋은 종이 수납함.

'종이라 금방 무너지지 않을까?'

처음엔 의심 반 호기심 반으로 구매했었다. 조립하는 건 1분이면 가능했다. 복잡하지 않고 간단명료해서 좋았다. 겉으로 보기엔 밋밋한 종이박스였지만, 크라프트의 거친 느낌이 아날로그 감성을 드러내기에 딱이다. 다른 수납함에 비해 열고 닫는 뚜껑의 사용이 불편할 수 있기 때문에, 어떤 것을 수납했는지 라벨을 붙이는 것은 필수다. 이 때, 느낌 있는 라벨링을 완성해주는 요긴한 아이템은 바로 마스킹테이프.

여기서 사용한 검정색 마스킹테이프는 손으로 쭉 찢어 자연스러움을 더하는 것이 포인트다. 대신 테이프의 길이나 붙일 위치는 동일해야 하나의 덩어리로 보인다. 위치나 길이마저 각각 다르게 붙이면, 자칫 지저분해 보일 수 있다. 동일한 시리즈처럼 붙여준 마스킹테이프에 진리의 색 조합인 블랙 & 화이트로 표현한다. 화이트 마카로 두툼한 레터링을 더한다. 빈티지하면서도 모던하게. 이처럼 테이프에 분류 내용을 꼼꼼하게 적어두면 내용물을 찾기도 쉽다. 이 방법은 종이 수납함 뿐 아니라 플라스틱 수납함, 주방에서의 양념통 등 다양한 상황에서 수납을 할 때 추천하고 싶다. 알아보기 쉽게 라벨을 더하면 뚜껑이 있더라도 여러 개의 수납함을 적층해 사용할 수 있다. 저렴하게 그렇지만 넉넉하게 1년간 짐을 충분히 수납할 수 있었다.

"똑같이 마스킹테이프로 라벨을 만들었는데.. 왜 느낌이 다를까?"

추상화는 수많은 정밀화를 딛고 나타난 작품인 것처럼. 사실 무심코 둔 것 같은 자연스러운 장치는 의도된 것이 많다. 마스킹테이프 하나를 붙일 때도 여러 가지 생각을 한다. 정돈된 듯한 통일감에 자유로운 곡선을 더하는 것을 좋아한다. 질서와 무질서의 자연스러운 조합이랄까. 사람은 정형화되고 규칙적인 질서에 안심하는 한편 답답함을 느끼기도 한다. 그래서 멋진 디자인, 아름다운 공간에는 질서와 무질서가 적절한 하모니를 이루고 있다. 종이 수납함을 두는 단순한 작업에도 작은 생각이 더해지면 큰 차이를 드러낼 수 있다. 같은 형태이지만 자세히 들여다보면 각각의 개성이 드러나는 것이 D. I. Y의 매력이 아닐까.

'또 다른 종이가구들'

책상의 자질구레한 물건들을 담기 좋은 종이서랍함도 있다. 손잡이가 있는 슬라이딩식이라 적층을 어떻게 할지 고민을 하지 않아도 좋다. 폭과 너비, 단수가 다양해 원하는 공간에 어울리는 알맞은 제품을 고를 수 있다. 책상 정리를 위해 골랐던 4단 종이 서랍장은 가로세로 40cm 이상의 파일과 A3용지가 넉넉하게 들어갈 만한 사이즈였다. 배송을 통해 간편하게 구매를 하면, 조립 전의 제품을 개봉한다. 박스를 조립하는 건 아무 장비도 접착제도 필요 없어 간편하다. 하얀 플라스틱 손잡이가 달린 서랍장 3개를 조립해 하나의 가구처럼 부착했다. 이번엔 핑크, 그린, 블랙, 그레이의 작은 점으로 이루어진 패턴 포장지를 이용해 꾸미기로 했다. 하얀 손잡이가 돋보일 수 있도록 앞면을 감싸고, 서랍장의 몸통은 하얀 전지로 선물을 포장하듯 꼼꼼하게 붙여줬다. 높이가 맞지 않아 남았던 서랍장 하나는 작은 문을 만들어 멀티 탭과 전선을 정리해 세트로 만들었다. 지저분하고 평범했던 책상아래 공간이 깔끔하게 정돈되어 특별한 색감을 입힌 아기자기한 공간으로 다시 태어나는 순간이었다.

종이의 가볍고 내구성 좋은 성질과 친환경적 요소가 결합된 가구는 다양하다. 의자와 테이블, 라운지소파 등 완벽한 구조의 가구를 선보이기도 한다. 중국 최대 전자상거래 업체 알리바바 사이트를 접속하면, 다양한 디자인의 종이가구를 볼 수 있다. 아이를 위한 곰돌이가 프린팅 된 테이블 세트, 종이 수납함이 딱 맞게 들어있는 7단 수납장 등 친환경 소재에 아이디어를 더한 제품들이 다양하다. 특히 이동성이 좋아 어디서나 조립식으로 설치할 수 있는 입식 책상은 하나쯤 갖고 싶은 제품이다.

중요한 건 어떤 제품을 고르느냐 보다,
어떻게 다루느냐다. 가꿈이 중요한 이유이기도 하다.
작은 차이가 큰 변화를 불러온다는 것을 기억하자.

before

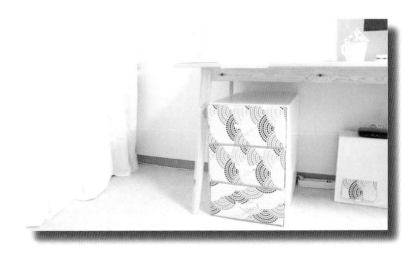

after

3
업사이클링

'새로움'. 처음 가는 공간에서는 기분 좋은 설렘이 있다. 탐험가가 미지의 지역을 찾아가는 여행을 즐기는 이유이기도 하다. 그 설렘은 새로운 것을 대하는 호기심에서 시작한다. 인테리어를 바꾸고 싶어지는 그 마음도 그렇다.

"이번에 이사 가는 데, 방을 싹 바꾸고 싶어요!"

인테리어 상담요청을 하는 분들의 방을 보면 손댈 필요가 없을 정도로 깔끔하고 실용적으로 꾸며놓은 경우도 꽤 있다. 어떤 점이 문제인지 상담을 시작해보면, 문제를 인식해 요청한 경우는 드물다. 오히려 '사실은······.' 이라며 사연을 들려준다.

"이번에 새로운 직장으로 옮겨요."
"고등학교를 졸업하고 대학교 새내기가 된답니다!"
"다음 달에 신혼집에 들어가요."

실제로 인테리어를 새롭게 바꾸고 싶어지는 경우는 불편하거나 필요해서 보다 나를 둘러싼 환경이 바뀌는 때다. 신기하게도 환경이 바뀌면 기존의 삶의 방식을 고수하기 보다는 호기심을 최대한 발휘해 아예 새롭게 바꾸고자 한다. '새로움'에 대한 설렘을 두 배, 세 배로 만족시키고 싶은 게 아닌가 싶다. 확실한 것은 환경이 변하면 내 마음가짐도 함께 변한다는 것이다. 그리고 이를 다양한 방법으로 표출하며 기쁨을 얻는다.

공간이 사람에게 미치는 영향은 대단하다. 같은 곳에 놓인 소파와 책상, 똑같은 위치에 배열마저 그대로인 인테리어 소품은 매일이 같은 시간처럼 느껴지게 만든다. 하루 종일 변화가 없는 집에서 일상을 보내는 주부들이 '오늘이 무슨 요일이야?' 하고 묻게 되는 이치다. 또, 분할된 공간이 하는 역할에 대한 연구내용을 보면 공간에 따라 사람의 인식이 달라지는 것을 알 수 있다. 침실로 정한 공간으로 들어가면 졸음이 오고, 책상과 책들이 가득한 공부방에 들어가면 앉아서 자연스레 집중하게 된다. 사람은 공간을 인식하고 그 변화에 반응한다.

이렇게 '새로움'과 '공간인식'을 연결 지어 생각하면, 공간에 새로운 변화를 줌으로서 현재의 마음 상태와 나의 인식에 긍정적인 변화를 줄 수 있다는 결론이 나온다.

'행복한 마음상태를 유지하기 위해 주변 환경에 변화주기.'

비용을 전혀 들이지 않고도 행할 수 있는 것이 바로 재활용하기다. 업사이클링 이라는 표현을 좋아한다. 버려질 수 있는 것에 가치를 더해

'up'된 물건으로 만들어내는 과정. 나에게, 지구에게 모두 의미 있는 일이 아닌가. 이사를 하거나 새로운 가구와 소품을 구매하는 것만이 새로움을 느끼게 하는 것은 아니다. '쉽게, 저렴하게, 위대하게' 내가 갖고 있는 물건과 가구를 다시 태어나게 할 수 있다. 버려질 위기에 놓여있는 주변에 놓인 작은 것부터 살펴보고, 특별한 가치를 불어넣어 나의 기쁨으로 바꿔보자.

3 - 1
다시 새롭게, 재활용하기

인테리어를 하고 소품을 만들며 재료를 구매하는 일이 많은 나는 작은 물건 하나하나가 모두 비용이었다. 택배가 올 때마다 쌓이던 상자도 필요한 날엔 없었다. 결국은 문구에 가서 500원, 1000원 돈을 들여 살 수 밖에 없었다. 억울한 경험은 사람을 성숙하게 하나보다. 점차 쓸 만한 상자, 유리병, 플라스틱 등은 버리지 않고 모아두는 습관이 생겼다.

카페에서 예쁘게 담겨 판매되는 음료수 병들은 그대로 화병으로 사용하기도 좋다. 와인 랙이나 사과상자도 그렇다. 나무 상자는 찾기도 어렵고, 사려면 비용도 많이 드는데 공짜로 수납함을 만들 수 있다니! 조금만 손보면 놀라운 변신을 할 수 있는 훌륭한 재료들이다. 그렇게 흔히 구할 수 있는 음료수병과 택배상자, 아이스크림 스틱이 존재감을 뽐내는 인테리어 수품으로 재탄생했다.

편의점 음료수병, 안 쓰는 매니큐어,

택배상자, 아이스크림 막대가

방을 밝히는 인테리어 소품으로 다시 태어났다.

구하기 쉬우면서 품질 좋은 소품으로
재활용을 할 수 있는 재료들

음료수병

와인병

옷걸이

택배상자

나무상자

첫째로 유리병. 곡선이 아름답게 이어지는 샴페인이나 와인 병은 그 자체로도 훌륭한 오브제가 될 수 있다. 편의점에 진열되어 있는 커피, 과일주스가 담긴 유리병도 좋다. 택이나 로고를 제거하고 적극적으로 활용해보자. 병 안에 와이어 전구나 크리스마스 전구를 넣어주면 따뜻한 분위기의 간접 조명으로 사용할 수 있다. 또, 페인트나 아크릴 물감을 사용해 유리에 색을 더하면 고급 화병 같은 느낌을 낼 수 있다. 사용하지 않는 매니큐어를 물 위에 띄워 마블링 효과를 주는 것도 하나의 방법. 뚜껑이 있는 병의 입구는 리본이나 마끈을 활용해 선물처럼 꾸며 예쁘게 데코할 수 있다.

두 번째로 옷걸이는 단단한 틀로 활용하기 좋다. 세탁소에서 드라이를 맡기면 세탁물을 걸어오는 기본 옷걸이가 가장 좋다. 구조물의 틀로 활용하기 정말 좋다. 그 정도의 지지력을 갖은 재료는 구하기도, 만들기도 어렵다. 옷걸이는 펜치를 이용해 원하는 모양으로 구부려 활용할 수 있어 리스를 만들거나 핸드폰 거치대 등 다양한 틀로 사용하기 좋다.

마지막으로 택배상자나 선물상자는 사각형의 확실한 틀을 살릴 수 있어 선물처럼 포장해 소품으로 만들거나 LED 조명을 넣어 은은한 조명으로도 활용할 수 있다. 특히 나무로 만들어진 상자는 비싸기도 하고 구하기도 어렵다. 사과 상자나 와인랙 등의 나무틀은 나사를 이용해 철물로 리폼도 가능해 활용도가 더욱 높다. 손잡이를 달아 트레이로 만들거나, 사과 상자를 페인팅해 앤틱한 포인트 소품으로 변신시킬 수도 있다.

버려질 뻔 했던 물건에 새로이 생명을 불어넣어주면 그만큼 특별한 애정이 생긴다. 내 공간을 둘러보면 손길이 닿지 않은 것이 없다. 말린 꽃으로 만들었던 옷걸이 리스, 아이스크림 막대 목재를 이용해 만든 액자, 그리고 미세하게 금이 가버린 와인 잔을 활용해 만든 향초. 들인 관심과 시간만큼 방에 이야기가 생긴다. 이렇게 향기가 묻어나는 공간을 만들어 가는 것이다.

3 - 2
시트지를 활용한 리폼

　오래되고 볼품없는 가구는 시트지를 이용해 새 것처럼 바꿔줄 수 있다. 특히 각지고 표면이 편평한 가구에 제격이다. 접착제도 따로 필요 없어 간편하다. 이전에는 종류가 다양하지 않고 쉽게 떨어지는 등 낮은 품질이 단점이었지만, 셀프인테리어의 요구가 높아지며 고품질의 다양한 재질을 표현하는 시트지가 출시되고 있다. 패턴이나 색감도 디테일해져 아마추어 같아 보이지 않을까, 하는 걱정은 하지 않아도 좋다. 내가 애용하는 대리석 시트지는 일반적으로 판매하는 중저가 제품들도 실제 대리석처럼 보여 만져보게 될 정도다. 이삿짐을 옮기던 아저씨가 정말 대리석 테이블인 줄 알고 조심조심 이불로 둘둘 말아 이동할 정도였으니까.

　얼마 전, 촬영용으로 활용할 대리석 테이블이 하나 필요해 검색해보았다. 값비싼 재료인 만큼 비용이 어마어마했다. 결국 10년 째 방치되어 있던 테이블 하나를 리폼하기로 했다. 올드한 자주색 컬러, 상당한 무게에 낮은 티테이블이라 식탁으로도 활용하기 쉽지 않은 제품이었다.

　'대리석 테이블로 만들어 예뻐해줄께!'

10년 째 방치되어 있던 테이블

시트지와 페인트를 사용해 새 것처럼 리폼했다.

눈으로 봐도, 만져 봐도 대리석 테이블 같아

매일 사용중

다리는 페인팅을, 상판은 대리석 시트지로 변신 완료. 벽지에 페인팅을 할 때는 젯소를 굳이 사용하진 않지만, 반들반들한 재질의 테이블에는 젯소가 필수다. 수성페인트는 접착력이 떨어지기 때문. 테이블을 리폼 하는 과정은 이렇다.

기존 테이블 리폼하기

① 페인트칠 할 부분에 젯소칠 1회

② 젯소가 잘 마르면 페인트칠 2회

③ 상판을 깨끗하게 닦고 시트지를 붙여주면 완료

제품에 색을 새로 입히는 과정은 직접 해본 사람들만 아는 쾌감이 있다. 페인트를 한번 시작하면 힘든 줄도 모르고 몰입하게 되는 이유다. 특히 페인팅 후 마스킹테이프를 깔끔하게 떼어내는 그 짜릿함이란...! 페인팅을 안 해본 사람은 있어도 한번 해본 사람은 없을 테다. 맘에 쏙 드는 페인트를 골라 작품을 만들어가다 보면, 어느 새 색색깔의 페인팅 컬렉션이 생길지도 모른다. 자주색 테이블을 화이트 페인트에 화이트 톤의 그레이 마블 시트지로 탈바꿈하는 과정도 그랬다. 낮에 시작해 해가 뉘엿뉘엿 질 때까지 시간가는 줄 모르고. 완성된 모습을 뿌듯하게 바라보고 있으면 어쩜 이렇게 다른 느낌이 나는지, 색감의 마술에 중독된다. 형태는 그대로 이지만, 전혀 다른 제품이 되는 기적.

새 것이 꼭 좋은 것은 아니다. 정이 들고, 이야기가 담기고, 때가 묻는 과정이 있어야 내 물건이 되니까. 나와 가까이에 있는 물건들부터 애정 어린 시선으로 다시 한 번 살펴보자. 원하던 물건이 숨어있을지도 모른다.

"이번엔 시트지로 대리석 가구를 만들어볼까?"

나의 공간에 2인용 패브릭 소파를 두었는데, 책이나 컵을 올려둘 작은 미니테이블이 필요했다. '작으니까 하나 살까?' 싶었지만 내가 원하는 얇은 철제 다리에 대리석 상판으로 만들어진 테이블은 최소 십만 원 이상. 안되겠다. 이번에도 시트지를 활용하자.

대리석 사이드 테이블 만들기

준비물 :

대리석 패턴시트지, 원형목재, 헤어핀레그 3개, 나사와 드릴

① 목재에 시트지를 밀착해 붙인다.

② 대리석이 된 목재에 헤어핀레그를 부착하면 완성.

이번 작업은 목재를 구입하는 것부터 시작이다. 셀프인테리어 재료를 판매하는 사이트(문고리닷컴, 페인트인포, 손잡이닷컴 등)에서 원하는 종류의 목재를 원하는 사이즈와 모양으로 주문할 수 있다. 수치만 정확히 기재해 주문하면 가정에서 원하는 형태의 다양한 소가구를 만들 수 있어 아주 편리하다.

가구 구상하는 것은 둘 곳에 어떤 사이즈와 형태가 어울릴지 생각해보는 것부터다. 사이드 테이블을 둘 곳은 소파의 옆자리였다. 직사각형 모양의 소파와, 액자, 쿠션 등 사각형 형태가 많은 공간이라, 사이드테이블은 가볍게 원형으로 하기로 했다. 책이나 머그잔 정도만 올려둘 용도였기 때문에 지름은 35cm 정도의 아담한 원형 목재로 주문. 다리는 얇은 철제로 만들어진 헤어핀레그로 골라 목재에 연결하기로 했다. 그래야 원룸의 리빙공간이 탁 트인 느낌이 날 테니까. 이렇게 재료를 모두 준비하고 나면, 간단히 조립하는 것만 남았다. 구매한 목재를 시트지로 감싸 붙이고, 나사를 조여 다리를 연결하면 테이블 완성.

서랍장이나 옷장같이 큰 가구가 아니라면, 재료를 구매해 간단하게 만들어보자. 원하는 크기에 원하는 소재로 만들 수 있어 만족도 높은 가구를 손쉽게 만들 수 있다. 가죽시트지나 컬러풀한 단색 시트지를 이용하면 구하기 쉽지 않은 특별한 컬러의 가구도 만들 수 있어 창작의 기쁨을 느낄 수 있을 것이다.

사이드 테이블로도,

소파 옆 티 테이블로도 활용도 높은 소품 완성

쉬운 홈드레싱 TIP

시트지 잘 붙이는 방법

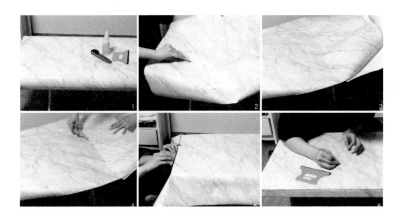

① 돌돌 말린 시트지를 반대로 감아 펴준다.

② 시트지를 붙일 표면을 깨끗하게 닦는다.

③ 종이를 떼어내고, 시트지를 팽팽하게 당기면서 모서리부터
   헤라로 쭉쭉 밀어준다.

④ 꺾이는 부분은 헤라를 직각으로 세워 내린다.

⑤ 마무리는 칼로 넉넉하게 베어낸다.

⑥ 기포가 생긴 부분은 바늘로 콕 찔러 헤라로 밀어준다.

※ 둥근 모서리는 드라이기 열을 가하면서
   당겨주면 깔끔하게 커버 가능하다.

3 – 3
생기 있게 가구 리폼

가구는 한번 구매하면 기본 5년 이상을 사용한다. 인테리어를 하러 집을 방문해보면, 가장 고민이라고 얘기하는 것 중 하나가 가구다. 기존 가구를 그대로 사용해야 하는지, 바꾸고 싶긴 한데 전부 바꿔야하는지 그것이 문제다. 예산이 넉넉하다면 10년 이상 지난 가구는 교체하는 것이 좋지만 그것이 부담스러운 경우도 많다. 봄날에 대학을 입학하는 새내기가 12년 간 공부해온 책상을 그대로 사용하긴 내키지 않을 것이다. 하지만 부모님이 큰 맘 먹고 사준 가구이자 학창시절을 함께한 가구를 처분하기는 쉽지 않다. 그럴 때, 해결법은 리폼이다.

처분하긴 어렵고, 가격은 꽤나 주고 샀던 책상을 보면 책장과 세트로 구매한 제품인 경우가 많다. 요즘은 저렴한 중저가 가구가 많아져 2~3

년 가볍게 사용하다가 버리지만, 당시는 책장, 책상에 옷장까지 같은 목재로 된 세트로 구매하는 것이 트렌드였다. 나 역시 그랬다. 중학교 올라가면서 부모님이 마련해준 책상은 내 키보다 높은 5단 책장에 책상이 끼워진 일체형 가구였다. 거기에 서랍장까지, 방은 같은 컬러의 가구로 꽉 채워져 있었다.

인테리어에서는 '통일감'이 중요하지만, 온통 같은 가구로 맞추는 건 세련미가 부족하다. 가구가 하나의 공간을 이루는 듯한 통일성을 갖추면서, 다채로움을 더할 수 있는 방법은 두 가지다. 첫 째는 형태는 같지만 다른 컬러로 이뤄진 가구를 들이는 것. 둘 째는 컬러는 같지만 다른 소재로 이루어진 가구를 두는 것이다. 이 두 가지 경우엔 하나의 주제로 방을 표현하면서도 다시 한 번 쳐다보게 되는 재미가 담겨있다. 재료와 컬러가 모두 같은 가구세트는 아름다운 방을 만들 수 없다.

방에 꽉 차 있는 세트가구를 하나씩 들여다보자. 다행인 건, 분리가 된다는 것이다. 완전한 형태가 아닐지라도, 서랍과 책상상판, 책장은 각각 분리 할 수 있다. 내가 사용하던 책상세트는 이렇게 3가지로 분리가 되었다. 우선 책상상판. 두께 36mm의 두툼한 목재로 만들어진 상판을 그대로 활용하기로 했다. 다리만 구하면 되겠다. 그 다음은 책장. 오랫동안 세워 사용했는데, 4평 남짓한 방에 위압감을 조성하는 주범이었다. 이번 기회에 책장을 눕혀 자잘한 학용품과 책 등을 수납해보기로 했다. 대신, 눕히면서 부족한 칸막이는 목재와 다보를 활용해 공간을 추가로 만들어줘야겠다. 마지막으로 책상의 다리 역할을 했던 컴퓨터 서랍장은 과감하게 버리기로 했다. 책장을 서랍을 대신하는 수납장으로 만들테니까!

가구를 리폼할 때는, 어떤 것이 필요하고 어떤 것을 버려도 좋은지 판단해야한다. 모든 일에는 기회비용이 발생하지 않던가. 전부를 쥐려고 하면 제대로 된 삶의 터전을 만들 수 없다. 버리는 연습이 필요한 이유가 여기에 있다. 방 하나에 침대도 두고, 옷장도 필요할 것 같고, 화장대에 서랍장에 행거까지 줄줄이 놓다보면 방인지 창고인지 헷갈릴 정도다. 결단이 필요하다. 새로운 가구나 소품을 들이는 것도 꼭 필요한지 고심한 후 결정하길 바란다. 리폼을 해 새로운 가구로 만들 때에도 필요한 것이 어떤 것인지 정확하게 알고 있어야 한다.

To do list

책상 상판에 다리를 이어 단독 책상 만들기
책장은 눕혀 수납장으로 만들기

　수납장과 책상을 만들기 위해 필요한 재료를 체크해보자. 우선 책상상
판을 지탱해줄 원목다리를 주문하기로 했다. 브래킷이 설치되어 있는
지, 추가적인 철물이 필요한지 판단해 한꺼번에 구매를 해야 만들기 수
월하다. 책장은 눕혀 사용할 때, 더 많은 수납공간을 만들기 위해 다보
와 칸막이 역할을 할 목재를 주문해야겠다. 형태를 잡아줄 재료를 정한
후엔 컬러를 정하자. 원목이라면 그대로 사용하도 좋지만, 오래되어 노
란빛을 띄는 합판이라 앤틱한 분위기로 바꿔주기로 했다. 결을 살려줄
수 있는 수성스테인을 선택. 스테인은 페인트에 비해 나뭇결을 살리는
데 뛰어나다. 페인트칠을 하면 선명한 색을 얻을 수 있는 데 반해 목재
의 결은 살릴 수 없다. 반면 스테인은 나무에 흡수되기 때문에 결을 살
리면서 오크, 화이트, 카키 등 내츄럴한 컬러로 바꿔줄 수 있다. 리폼할
가구세트는 합판이어서 스펀지로 결을 만들어주며 2회 칠해 느낌을 살
리기로 했다. 책상 다리를 철제로 할지, 원목 다리로 할지, 스테인 컬러
는 어떤 결로 할지 모두 자유다. 놀이공원을 만드는 게임을 하듯, 하나
하나 원하는 것을 구매해 연결해주기만 하면 된다.

방 한면을 가득 채우던 책상 3단 세트는
앤틱한 수납장과 책상으로 재탄생했다.

쉬운 홈드레싱 TIP

리폼에 필요한 도구들

· 전동드릴 : 나사를 조이고 풀 때 유용하게 사용된다.
　　　　　작은 사이즈의 드릴은 필수품.
· 핸드사포 : 원목가구라면 꼭 필요하다. 전동샌더는 가격이 비싸므로
　　　　　핸드사포 정도는 구비해서 편리하게 작업하자.
· 철물 : 꺽쇠나 브래킷 등 연결에 필요한 철물을 사이즈에 맞게
　　　　필요한 수량만큼 미리 구매해야 한다.
· 가구 손잡이 : 가구는 손잡이를 바꾸면 새 것처럼 보인다.
· 스테인과 페인트 : 원목 가구엔 스테인을, 이외의 재질엔 페인트를
　　　　　　　칠한다. 표면에 광이 있다면 젯소도 사용하자.
· 붓과 스펀지 : 스테인은 스펀지로 흡수시키고, 페인트는 붓이나
　　　　　　롤러를 사용한다.
· 책상다리 : 상판이 될 만한 목재가 있다면, 책상다리만 구매해 석쇠
　　　　　나 브래킷으로 연결하면 새로운 책상이 완성된다.
　　　　　원목, 철제 등 다양한 형태가 있어 다양하게 고를 수 있다.

분위기를
바꾸는
또 하나의 방법, 침
대 헤드
리폼하기

리폼을 하는 수고를 들이기에 알맞은 가구는 책상, 침대, 옷장, 부엌장과 같은 큰 부피의 가구들이다. 쉽게 바꾸기는 어렵지만 분위기를 좌우하는 요소이기 때문에, 내 맘껏 표현하기 위해서는 반드시 새로운 가구로 재탄생 시켜야한다.

침대헤드를 바꾸는 일은 방을 한층 고급스럽게 바꿀 수 있는 비법이다. 침구는 가볍게 바꿀 수 있는 데에 비해 프레임은 손을 대기가 쉽지 않다. 침대프레임은 소재와 헤드의 디자인에 따라 가격이 천차만별이다. 침대의 가장 중요한 기능은 '매트리스'이기 때문에 프레임은 가장 심플한 기본 스타일을 추천한다. 5년, 10년 사용하다 보면 어차피 그게 그거다. 수백만 원짜리 침대프레임도 낡고 질리긴 마찬가지다. 가장 저렴한 프레임을 선택하면, 거의 매트리스 가격만으로 침대를 구입할 수 있다. 이제 침대헤드에 집중해보자. 침대프레임 전체를 바꾸려고 하면 가격도 만만치 않다. 하지만 침대 헤드만 리폼하면 전체를 바꾸는 효과에 언제든 다른 형태로 리폼할 수도 있다.

침대 헤드를 리폼하기 좋은 2가지 소재는 목재와 패브릭이다. 침대 헤드 사이즈를 측정한 후에 맞는 재료를 주문한다. 목재를 고를 때는 삼나무 합판이나 미송집성목을 사용하면 낮은 가격대로 주문할 수 있다. 두께는 10~12t 정도가 적당하다. 간단하게는 헤드에 기대어 사용할 수 있다. 헤드를 선반으로도 활용하려면 ㄱ자로 목재를 이어 헤드를 씌워주는 방법이 있다. 힘이 닿지 않는 부분이지만, 고정이 필요한 경우라면 타카나 고무줄, 글루건을 아용해 기존의 헤드에 부착해줄 수 있다.

패브릭은 보다 다양하고 여러 가지 느낌을 낼 수 있다. 그냥 사이즈에 맞는 패브릭을 휙 걸칠 수도 있고, 헤드 커버를 만들어 씌워줄 수도 있다. 겨울엔 스웨이드 느낌의 천을 둘러주면 한층 따뜻하고 빈티지한 느낌의 침실을 만들 수 있다. 공주방처럼 엠보싱 효과가 있는 헤드를 만들려면, 골드폼에 패브릭을 씌우고 찡이나 압정 같은 액세서리로 고정시켜줄 수도 있다.

침대 헤드에 따뜻한 스웨이드 재질의 원단을 씌워

새로운 느낌의 침대 헤드 완성

분위기 물들이기

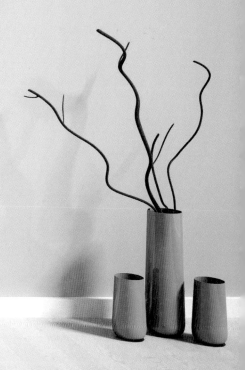

1
꽃과 식물

특별한 날엔, 꽃을. 우리는 희로애락을 식물과 함께 한다. 사랑스러운 연인에게 꽃 한아름을 선물하기도 하고, 미안한 마음을 가득 담아 사과의 꽃다발을 건네기도 한다. 졸업식, 입학식, 성인식 등 많은 기념일에도 빼놓을 수 없다. 가장 가까이서 생명의 신비로움을 전하는 생명체. 꽃과 식물.

내게 식물은 항상 곁에 있어주는 단짝친구이면서 하루도 소홀히 할 수 없는 막내 동생 같은 존재였다. 우리 집엔 식물이 많은 편이었다. 동백나무, 고무나무, 게발선인장, 스킨답서스. 여름엔 베란다에서 따뜻한 햇살을 비추고, 추운 겨울엔 추울까 화분을 안아 거실에 들여놓았다. 가족과 함께 주말 농원에 가 안고 왔던 작은 화분은 내 키보다 더 커져 여름철 따가운 햇살을 가려주는 듬직함을 뽐내기도 한다. 무심코 지냈던 선인장에서는 붉은 빛의 꽃들이 피어나기도 하더라. 식물의 매력은 무엇보다도 살아있음을 느끼게 하는 신비로움이다. 그렇게 식물을 키우며 나도 함께 자랐다.

동고동락하며 우정을 지켜온 식물인지라 지금도 꽃과 식물은 내게 특별하다. 얼마 전엔 잎이 매력적인 알로카시아를 분양 받았다. 어린 알로카시아여서 잎사귀 2개가 전부였다. '언제쯤 새로운 잎이 나올까?' 생각하면서 하루, 이틀 지켜보았다. 얼굴만한 잎사귀가 새로 나는 것을 기다리는 건 우매한 일이었다. 무슨 일이든 조급해지면 그런다고 했다. 마음을 차분하게 갖고, 햇살이 은은하게 드는 곳에 데려다 놓았다. 무심하게 며칠을 나도 일에 몰두했다.

1주일 즈음 지나고, 목마르지 않을까, 물을 주려고 화분으로 다가갔는데……. 2개의 잎과 잎 사이에 아기 손처럼 작은 잎이 뻗어 나오고 있는 게 아닌가! 정말 사랑스럽고 예뻤다. 동물처럼 움직이지도 못하고, 말도 못하지만 열심히 최선을 다해 하루하루를 살아가고 있었다. 여리지만 강인한 생명력으로 매일매일 조금씩 자라나는 모습. 그게 식물의 매력이다.

꽃은 눈부시게 아름답다. 식물이 뽐내는 가장 아름다운 순간. 꽃다발을 받으면 날아갈 듯 기뻤다. 하지만 아이러니하게도 며칠 후면 점차 시드는 모습이 떠올라 마음 아프기도 했다. 예쁜 빛깔과 형태를 유지할 수 있게 해주고 싶었다. 사람의 마음은 똑같나보다. 처음 프리저브드 플라워를 만났을 때, 폴짝 뛸 만큼 기뻤다. 시들지 않는 생화라니...!! 나도 만들어보겠다며 새벽 꽃시장에 가 생화를 한아름 안고 돌아왔던 기억도 난다.

이번 장에서는 꽃과 식물로 공간의 분위기를 물들이는 방법을 전하려고 한다. 공간에 어울리는 식물은 어떤 것인지, 오랫동안 꽃을 유지하기 위한 방법은 무엇인지. 식물에게 조금씩 다가가 보자.

꽃은 우리에게 감정을 전한다.

그 황홀함을 공간에 물들여보자.

1 - 1
공간별 두기 좋은 식물들

식물을 들이면 칙칙했던 공간에 생기와 활력이 돌고, 촌스러운 듯 했던 공간은 아티스트의 방처럼 느껴진다. 매일 앉던 식탁에 꽃병을 하나 놓았을 뿐인데 시선이 한 번 더 머무르고 사람이 모인다.

'식물과 꽃이 있으면 분위기가 살아나는 이유는 무엇일까?'

살아있는 생명이 전하는 에너지가 있다. 시들시들해져 잎줄기 하나만 살려 꽂아둔 아이비가 뿌리를 내리고 잎을 늘려나가는 모습을 보면 참 대단하다. 척박한 환경에서도 꿋꿋이 적응해 나가는 굳건함에 순간 하루를 돌아보게 만들기도 한다. 식물에게는 오늘과 내일이 다르게 성장해나가는 변화가 있다. 그런 생명력은 같은 공간에 있는 우리에게 긍정적인 영향을 준다.

매력적인 외관도 이유다. 인공적으로 만들기 쉬운 건 곡선보다는 직선이기 때문에 방을 둘러보면 대부분 직선으로 이루어져 있다. 벽면도, 테이블도, 옷장도. 곡선을 자유자재로 사용한 가우디 건축물이 희대의 작품이라 불리는 것과 같이 유려한 곡선은 만들기가 매우 어렵다. 하지만 모든 식물은 수없이 많은 곡선으로 이루어져있다. 식물의 아름다운 곡선은 공간에 부드러움을 들이는 효과가 있다. 구불구불한 줄기와 매끈하게 이어지는 잎. 곡선이 갖는 부드러움과 자연스러움은 한층 공간을 감성적으로 만든다.

인테리어 소품들 중에서 단연 가장 아름다운 것은 식물이다. 곡선의 신비로운 형태에 형상할 수 없는 다채로운 색을 갖고 있다. 연둣빛과 청록빛 등 같은 듯 다른 잎 식물의 담담한 색깔. 알고 있는 색이름으로도 부족한 눈부시게 아름다운 꽃의 색. 특히 공간에 색색의 소품을 사 두는 것이 두렵다면 꽃을 한 줌 유리병에 꽂아 매치해보는 것을 추천한다. 동네 꽃집을 들르면 보라색, 노란 색, 빨강색, 분홍색 펼쳐진 꽃 팔레트에서 어떤 꽃을 고를지 행복한 고민을 하게 될 것이다. 만약 화이트가 지배적인 공간에 딱 한가지의 소품을 들이라면 화이트와 핑크컬러가 믹스된 튤립 다발을 선택하겠다. 화이트와 대비되는 핑크빛에 확실한 포컬 포인트가 될 뿐만 아니라, 새하얀 차가움을 도회적인 감성 공간으로 완성시켜줄 것 이다. 이것이 파워풀한 식물의 효과다.

식물은

한층 감성적인 공간으로 만든다

식물과 함께
숨 쉬는 공간

'꽃 고르기'

일상에서 유리병에 꽂을 꽃을 고를 때는 한 가지 종류를 다발로 고르는 것이 가장 매치하기 쉽다. 살짝 변화를 준다면 그러데이션처럼 같은 톤의 색을 띄는 꽃과 식물을 함께 매치하는 것도 좋다. 좀 더 다양한 식물을 활용하고 싶다면 잎식물과 함께 꽂아보자. 색이 진한 어떤 꽃이라도 좋다. 둥글레잎이나 동백나무잎, 레몬나무 잎과 같은 잎줄기에 하얀 안개꽃을 살짝 더하고 노랑꽃 칼라를 한 가득 꽂아주면 봄기운 가득한 멋스러운 식탁 완성이다.

일반적으로 화병은 유리나 메탈 재질을 사용한다. 길쭉하고 늘씬한 모습의 화병에 꽃과 잎사귀를 담으면 아름답다. 특히 구석에 세워두거나 종이 소품과 함께 두면 빈 공간을 채우는 효과가 있다. 좀 더 다채로운 연출을 하고 싶다면 도자기나 나무그릇에 물을 살짝 붓고 꽃을 뉘어 담아보자. 예스럽기도 하고, 기울어진 꽃의 모습이 특별하게도 느껴진다. 라탄이나 니트 바구니를 이용하면 파티테이블의 메인으로도 손색없다.

생화가 시들까 부담스럽다면 오래 볼 수 있는 조화도 좋다. 촬영을 위한 꽃 소품으로 조화를 활용하기도 한다. 생화 같은 파릇함은 없지만, 가성비를 따졌을 때 조화도 좋다. 특히 오랫동안 둘 가지나 잎사귀 같은 식물들은 활용하기 좋다. 조화가 담긴 화병에 물을 채우면 생명을 불어넣을 수도 있다. 생화처럼 자라나진 않지만, 실용적인 식물 아이템으로 활용할 수 있다. 여름철에는 조화에 물뿌리개로 물방울을 만들어줘도 좋다. 간단하지만 훨씬 생생하게 보일 수 있다. 놀러온 친구가 '향기 좋아?'라며 가까이서 향기를 맡아볼지도 모른다.

'공간에 어울리는 식물 고르기'

식물은 습도와 온도에 영향을 받는다. 그저 예쁘다고 들였다간 몇 개
월 못가 시들시들해지는 슬픈 모습을 볼지도 모른다. 하지만 공간의 특
성에 맞게 식물을 들이면 산소와 음이온을 뿜어내는 효과는 물론 일산
화탄소, 미세먼지 등을 제거하는 기특한 역할을 한다.

 공간별 식물 추천

| 거실 | 휘발성 유해 물질 제거가 우수하고 빛이 적어도 잘 자라는 식물
알로에, 아레카야자, 싱고니움, 보스톤고사리, 대나무 야자 등 |

거실 | 휘발성 유해 물질 제거가 우수하고 빛이 적어도 잘 자라는 식물
알로에, 아레카야자, 싱고니움, 보스톤고사리, 대나무 야자 등

베란다 | 빛이 있을 때 잘 자라는 식물
시클라인, 분화국화, 팔손이나무 등

현관 | 대기오염물질 제거 기능이 우수한 식물
벤자민 고무나무, 스투키, 스파티필름 등

침실 | 밤에 공기정화기능이 우수한 식물
산세베리아, 호접란, 선인장, 다육식물 등

공부방 | 음이온 방출과 이산화탄소 흡수가 우수한 식물
아글라오네마, 팔손이나무, 로즈마리, 팔로엔드론 등

주방 | 일산화탄소 제거 기능이 우수한 식물
스킨답서스, 산호수, 아펠란드라 등

화장실 | 높은 습도에서 살며 암모니아 제거 기능이 우수한 식물
제라늄, 관음죽, 스파티필름, 안스리움 등

  공간에 어울리는 식물을 들였으면 오랫동안 기르기 위해 물, 빛, 온도
를 체크해야한다. 물은 흙 표면에 골고루 줘야하고, 물의 온도는 실온과
비슷한 것이 좋다. 빛은 베란다가 아닌 경우 부족하기 쉽다. 화장실이나
주방같이 빛이 부족한 곳에 있는 식물은 한 달에 한번은 빛을 쬐어주는
것이 좋다. 특히 꽃이 피고 있는 식물이나 빛을 좋아하는 허브는 창가나
베란다에 배치해야 한다는 점.

  우리나라의 겨울철은 온도가 영하로 떨어지면서 대기가 건조하기 때
문에, 실내에서 자라는 식물 역시 온도와 습도가 낮아지는 겨울철 대
비를 잘 해야 한다. 실내 온도는 12도 이하로 내려가지 않도록 주의하
는 것이 좋다.

  식물은 멋스러운 인테리어 소품으로 활용 할 수는 있지만, 장식용은 아
니다. 생명체로 돌보아줬을 때 새순이 돋고 줄기가 자라나는 기쁨을 함
께 할 수 있다. 우리에게 긍정적인 영향을 주는 고마운 식물인 만큼 가
까이 두고 조금 더 소중하게 여기자.

①양재 도매시장

: 생화, 분화, 조화 모두 저렴하게 구매할 수 있다. 단, 생화는 밤 12시부터 다음날 낮 1시까지 구매할 수 있어 새벽시간을 활용하는 것이 좋다. (일요일 휴무)

②과천 화훼단지

: 도매로 판매하는 화훼단지. 시중의 30% 정도 가격으로 구매할 수 있다. 소매로 판매하지 않는 점포도 있기 때문에 여럿이 가서 함께 구매하는 것도 좋다.

③온라인 직판매장

: 식물도 온라인으로 구매가능하다. 온라인 직판매장을 이용하면 화분을 무겁게 들고 올 필요가 없다. 게다가 가격도 저렴하고 배송도 빠르고 안전하게 온다. 단, 식물은 살아있는 생명체이니 배송이 되는 즉시 박스를 풀어 살펴야 한다.

 -엑스플랜트

1-2
1년 농사 드라이플라워

"어머, 여기 꽃집 같아~"

"이 꽃들 직접 말리고 있는 거야."

"우와, 집에서 직접?!"

"응. 맘에 드는 꽃을 사서 그대로 말리면 오랫동안 간직할 수 있어."

"드라이플라워 미니 다발도 꽤 비싸던데……. 만들기 어렵지 않아!?"

나에게 가장 슬픈 순간 중 하나는 꽃이 시드는 모습을 지켜볼 수밖에 없을 때다. 갖가지 노력을 해도 일주일을 넘기기는 쉽지 않았다. 그래서 생각했다. 자연을 거스를 수 없다면 순응하자. 빛깔을 그대로 유지할 수 있도록 드라이플라워로 만들어줘야겠다!

매년 하나의 행사처럼 꽃을 사러 도매시장에 간다. 자정이 막 넘은 새벽에 꽃 도매시장에 가면 갓 따온 향기로운 생화가 수북하다. 프리지아, 장미, 미스티블루, 골든볼 등 일 년을 함께할 생화를 한아름 안으면 괜히 뿌듯하다.

가득 안고 온 꽃들은 집에 와 손질을 해준다. 지저분한 아래쪽 줄기를 잘라주고, 물에 담겨있던 상한 잎들은 깨끗하게 제거해준다. 이 작업을 하고 있으면 정말 꽃가게를 하는 듯한 느낌이다. 한번은 장미의 매력에 푹 빠져 자나 장미, 미니 오렌지장미, 보라색 돌세토 장미 3가지 장미다발을 안고 들어온 적이 있었다. 콧노래를 부르며 신문지를 깔고, 장미 꽃다발을 풀었는데... 장미 가시가 이렇게 날카로울 줄은 몰랐다. 예쁘기만 했던 장미가 숨겨온 치명적인 필살기. 세 번은 손에 찔려 피를 봤나보다. 그래도 예쁘다를 연발하며 마냥 좋아 싱글벙글 장미를 꽃병에 꽂았던 기억이 난다.

손질을 깔끔하게 한 후에는 화병에 꽂아 황홀한 생화의 아름다움을 만끽한다. 조금 더 오랫동안 생화를 유지하기 위해서는 가장 아랫부분 줄기를 사선으로 잘라주자. 봉오리가 있어 꽃을 피우는 중이라면 설탕을 1티스푼 넣어줘도 좋다.

그러나 허락된 시간은 단 일주일.

아쉽지만 안녕

이제, 꽃가게처럼 말려볼까?

'드라이플라워 만들기'

드라이플라워로 만들기 위해서는 꽃이 시들기 전에 작업을 시작해줘야 한다. 그래야 생화와 같은 형태와 빛깔을 유지할 수 있다. 3일 정도 만끽했다면, 아쉽더라도 더 긴 시간 함께하기 위해 드라이플라워를 만들기 시작하자.

먼저 작은 다발로 만들어 꽃을 소분한다. 100원짜리 동전 정도 굵기의 다발을 만들면 좋다. 마르면서 부피가 줄어들기 때문에 고무줄을 사용해 묶어야한다. 묶은 다발은 끈으로 연결해 벽이나 천장에 아래를 향하도록 걸어주자. 통풍이 잘 되고, 직사광선이 없는 곳에 둬야 잘 마른다. 습도가 높고 통풍이 되지 않으면 곰팡이가 생겨 영영 볼 수 없게 될 수도 있다. 난 천장에 걸어두는 것을 좋아한다. 압축 봉이나 물음표 고리로 꽃을 일렬로 메달아주면 사방으로 공기가 닿아 잘 마르고, 마르는 동안 꽃집 같은 느낌도 낼 수 있다. 2주 정도 흐르면 충분히 말라 특유의 빛깔을 나타낸다.

점차 드라이플라워가 완성되며 빛바랜 듯한 느낌이 난다. 바람과 빛으로 말려지는 이 방법은 가장 쉽다. 하지만 천천히 시간이 흐르며 만들어지기 때문에 핑크, 오렌지 등 비비드한 색의 꽃은 처음 갖고 있던 색감과는 완전히 다른 색이 될 수 있다. 따라서 연 핑크나 노란색, 보라색과 같은 컬러의 꽃을 추천한다. 또 단단하고 잎이 작은 꽃일수록 형태를 그대로 유지하기 쉽다. 처음 드라이플라워에 도전한다면 안개꽃이나 골든볼, 미스티블루, 미니장미부터 시작해보자.

'너무 예쁜 오렌지 장미! 색감 그대로 말리고 싶다면'

눈에 콕콕 박히는 진한 색의 꽃을 그 모습 그대로 말리려면,
한 가지 재료가 더 필요하다.

'붕사'

약국에 가면 쉽게 구매할 수 있는 하얀 가루의 붕사는 빠르게 건조시켜주는 마법의 가루다. 수분을 흡수하는 효과가 있기 때문에, 묶은 꽃다발을 비닐봉투에 붕사와 함께 넣어 말려주면 2~3일이면 순식간에 드라이플라워를 완성할 수 있다. 자연 건조한 꽃과 비교하면, 특히 진한 색의 꽃에서 색감차이가 확연하다. 한 가지 주의해야 할 점은 비닐봉투에 담은 꽃다발 역시 아래를 향하도록 뒤집어서 말려야 한다는 것이다. 그렇지 않으면 꽃봉오리가 무거워 목이 꺾인 드라이플라워가 완성 된다.

오렌지 장미가
처음 그대로 예쁘게 말랐다

이렇게 정성 들여 만든 드라이플라워는 일 년 내내 가장 활용도가 높은 재료로 활용된다. 작은 꽃송이 하나를 담아 엽서를 만들기도 하고, 종이에 싸서 미니 꽃다발을 만들어도 정말 훌륭한 인테리어 소품이 완성된다.

'화룡점정'

봄에는 말려뒀던 핑크색 자나 장미로 벽걸이를 만들기도 하고, 여름엔 유칼립투스 잎을 걸어 시원한 분위기를 내기도 한다. 또, 구석진 모서리에 드라이플라워를 담은 화병을 놓으면 왠지 허전했던 공간이 꽉 채워진다. 내 방을 둘러보면 꽃의 흔적이 정말 많다. 그래서인지 방이 아늑하다, 따뜻해 보인다는 이야기를 많이 듣는다.

새벽에 설렘 가득히 꽃들을 골라왔던 기억, 잎과 줄기를 하나씩 손질해줬던 기억, 끈으로 꼼꼼히 묶어 마르는 과정을 지켜봤던 기억……

작은 기억들이 고스란히 담겨있는 나만의 드라이플라워는 나에게도, 남에게도 기분 좋은 선물이 된다. 선물 받은 꽃다발을 드라이플라워로 만들어봐도 좋다. 꼭 한번 만들어보며 내 손에서 피어나는 작은 기쁨을 느낄 수 있었으면 좋겠다.

1 - 3
꽃으로 하는 홈데코

'드라이플라워로 집을 꾸며볼까?'

꽃은 가지각색의 색깔을 뽐낸다. 자연스럽게 빛바랜 드라이플라워의 색은 어떤 소재와 만나느냐에 따라 다양한 분위기를 발한다.

가장 쉽게 만들 수 있는 건 드라이플라워를 한 움큼 쥐어 그대로 묶어주는 핸드타이다. 소분했던 꽃다발을 그대로 사용해도 좋다. 작은 꽃다발 보다는 커다랗고 길쭉한 줄기를 자연스럽게 늘어뜨린 모습을 좋아한다. 미국의 브룩클린 스타일의 라지스케일(Large scale) 꽃다발처럼. 처음 생화를 손질할 때부터 작게 자르지 않고, 구매해온 그대로 크고 쭉 뻗은 줄기 그대로 말려보자. 벽에 걸린 달력과 함께, 또는 현관을 열고 들어오면 보이는 벽면에 그대로 메달아주면 그것만으로도 포컬 포인트가 된다. 핸드타이를 만들 땐, 다양한 끈을 사용해 연출할 수 있는데, 내가 가장 좋아하는 건 마끈이다. 거친 질감에 염색을 하지 않은 담담한 갈색의 크라프트(Craft) 느낌은 드라이플라워와 잘 어울린다. 게다가 아주 질겨 웬만한 무게를 지탱하는 굳건함도 갖고 있다.

유칼립투스 한 다발을 그냥 묶어서 걸어줬다.
푸릇푸릇한 분위기가 물씬 난다.

자연 소재는 서로 스며들 듯 잘 어울린다. 나뭇가지와 함께 묶어 벽면에 걸어주면 가랜드로도 활용할 수 있다. 이 때, 가죽 끈을 사용하면 심플한 벽데코 소품으로 활용할 수 있고, 레이스 리본을 이용하면 우아한 분위기를 낼 수도 있다. 미니멀라이프를 꿈꾼다면 꽃보다는 유칼립투스 다발 같은 잎식물로 가랜드를 만들어보자. 다른 소품이 없어도 가득찬 것 같은 벽면을 연출할 수 있다.

소파 옆에, 가끔은 침대 옆에 두는 화이트 장스탠드 조명이 있다. 조명은 한번 구매하면 여러 위치에서 다른 오브제들을 돋보이게 하는 역할을 한다. 조명에 포인트를 주고 싶어 유칼립투스 한 다발을 구매해 마끈으로 묶어 스탠드에 걸어뒀다. 마르면서는 은은하게 특유의 향이 번지고, 불을 끄고 스탠드만 켜뒀을 땐 잎사귀 그림자 자체로 특별한 조명이 되었다. 조금 특별한 날에는 유칼립투스 대신 장미 드라이플라워 다발을 걸어두기도 한다. 같은 장미도 한 송이를 걸어두는 느낌, 한 다발을 걸어두는 느낌이 다르다.

소품에게는 정해진 자리가 없다.
내가 원하는 자리에, 내가 필요한 자리에 두고 살펴보자.

꽃을 말리는 과정에서 가지가 부러지기도 하고, 작은 꽃송이가 떨어지기도 한다. 그런 모습을 보고 있으면, 활짝 펴보지도 못하고 떨어진 게 아닐까 안쓰러운 마음이 들었다. 의미 있게 활용할 수 있는 방법은 없을까? 작고 앙증맞은 장점을 살려 아기자기한 장식을 더해보기로 했다. 떨어진 꽃잎과 잎으로 편지지 만들기, 머메이드지를 엽서 사이즈로 잘라 꽃 엽서 만들기, 소중한 사람에게 전하는 포장지 가운데 붙여보기. 사랑을 더하는 큐피드가 되어 반짝일 수 있었다. 크고 화려한 것만 뜻이 있는 건 아니다. 작고 볼품없는 송이들도 한번은 반짝일 수 있는 기회를 주자.

일 년에 두 번은 전체적인 분위기를 바꾸는 작업을 한다. 3월쯤엔 따뜻해지는 봄을 맞이해 봄여름 스타일링을, 9월엔 쌀쌀해지니 공간에 온기를 더할 가을겨울 스타일링을 준비한다. 가구를 구매하거나 수 십 가지 소품을 사는 등의 사치는 하지 않는다. 책에 담고 있는 방법으로 소박하지만 확실하게 분위기를 들인다. 식물은 생애에 계절을 담고 있기 때문에, 계절감을 내기 좋은 소재다. 포근함을 더하기 위해 목화가지나 뮬리 같은 식물을 찾기도 하고, 시원시원한 시각적 효과를 주기 위해 몬스테라와 같은 넓은 잎사귀 식물을 찾기도 한다.

그 중에서도 추천하고 싶은 건 식물 액자다. 틀이 확실한 액자에 식물을 담아내면, 화분에서 느꼈던 식물과는 다른 느낌을 낼 수 있다. 절제의 미학이랄까. 굵은 선을 갖는 액자 안에 식물을 담으면 하나의 작품으로 보인다. 액자의 사이즈는 A3 이상의 넉넉한 것이 고풍스럽다. 벽에 거는 것이 부담스럽다면 벽과 바닥이 연결되는 부분에 슬쩍 기대어 두는 것도 좋다. 시선을 아래로 향하게 하며, 특별한 배경이 되는 듯하다. 특히 현관문을 열면 보이는 아파트의 복도 바닥에 2~3개의 액자를 나란히 놓으면 마치 갤러리에 온 듯한 느낌을 낼 수 있다. 여름에는 액자의 뒷 판 대신 투명 필름 지를 더해 투명한 액자는 만들 수도 있다. 투과되는 듯한 느낌은 공간이 시원해지는 효과를 불러온다. 이를 활용하면 가벽효과를 낼 수도 있다.

꽃과 향초는 최고의 조합이다. 둘이 함께 있을 때 시너지를 낸다. 지난 연말 크리스마스엔 장식을 사는 것 대신 직접 만들어 꾸며보기로 했다. 첫 번째로 정한 아이템은 향초. 2000원을 주고 구매한 메이슨 자에 침엽수 잎사귀, 미니향초를 차례로 넣었다. 그리고 눈이 소복하게 온 것 같이 색모래를 채웠다. 입구에는 리본처럼 솔방울 두 개를 붙이고, 가운데 루돌프의 코를 연상케 하는 빨강 비즈를 달았다. 향초에 불을 더하자 따뜻함이 방안을 가득 채워 연말분위기가 물씬 나는 공간이 완성되었다.

한번은 셀프인테리어코리아페어 강연에서 꽃식물을 활용한 인테리어 소품 강연을 한 적이 있다. 가장 기억에 남는 순간은 향초를 선보일 때였다. 특별한 향초를 만들 메인 재료는 쉽게 볼 수 있는 안개꽃이었다. 말려둔 하얀 안개꽃을 유리에 담긴 향초 가장자리에 더했다. 그리고 가운데는 초록빛 리본으로 묶어 마무리를 했다. 향초에 불을 켜는 순간, 보고 있던 참관객이 하나 둘 휴대폰을 들어 사진을 찍기 시작했다. 이내 대부분의 참관객이 사진을 찍었고, '어머, 간단한데 너무 예쁘다'라는 환호가 들렸다. 5분도 안 되는 시간에 완성된 것이 신기했나보다. 강연이 끝나고 한 참관객은 집에 가서 꼭 한번 만들어보겠다며 응원의 메

시지를 전하기도 했다.

인테리어는 그렇다. 자료로 접할 수 있는 완벽하게 완성된 방은 머나먼 이야기 같지만, 그 위대함은 작은 것부터 시작된다. 소품을 만들어 두거나, 책상의 위치를 살짝 옮기는 것만으로도 공간은 변화한다. '내 방은 답이 없어요, 어떻게 바꿀 방법이 없네요.'라고 겁을 먹고 있다면, 쌓아 뒀던 짐을 정리하거나, 쿠션 하나를 올려보는 것도 좋다.

내 공간에 대해
한 번 더 생각해보기.

쉬운 홈드레싱 TIP

집에서 압화 만들기

① 생화의 꽃송이만 잘라 준비한다.

② 헝겊이나 신문지를 깔고, 그 위에 A4용지 한 장 준비.

③ 꽃송이의 잎을 한올한올 편다.

④ 수술이 아래를 향하게 해 종이 위에 뒤집어 올린다.

⑤ 위에 A4용지를 다시 한 장 올리고,

　　다리미로 10~20초 지그시 눌러준다

　　※강하게 누르면 꽃이 문드러지기 때문에 지그시 누른다.

⑥ 그대로 두꺼운 책 사이에 끼워 3일 마르면 압화 완성.

2
느낌을 좌우하는 조명

　'조명발'. 속지 말아야하는 3대 거짓말 중에 하나다. 조명은 그만큼 막
강한 영향력을 갖고 있다. 빛은 천장이나 벽, 바닥처럼 손으로 만질 수
있는 3D의 물건이 아니다. 보이지 않는 공기를 채우는 것이기 때문에
어떤 조명을 사용하느냐에 따라 공간의 느낌이 달라진다. 그래서 조명
은 더욱 중요하다.

　화이트 그레이 마블패턴 장판을 깔았다. 한번쯤 갖고 싶었던 대리석
바닥 느낌이 나서 만족스럽다. 가구만큼은 러블리한 방으로 만들고 싶
어 곡선이 우아한 화이트 가구를 들였다. 여기에 귀여운 레이스가 포인
트인 베이비핑크 침구로 포인트 완성! 파스텔톤 동화 같은 방을 꾸몄다.
마지막으로 조명만 갈아주면 된다. 근처 마트에 가서 전구를 살펴보니
전구색, 주광색, 백색... 색도 모양도 다양하다. LED 조명이 효율이 좋
아 제일 오래 쓸 수 있는 제품이라기에 가장 밝은 걸로 사왔다. '이제 다
됐다!'리 외치며 조명 ON !

그러나 이건 내가 원했던 사랑스러움이 넘치는 방이 아니다. 눈이 부셔 거울을 보면 얼굴의 잡티까지 자세히 보이는 방이라니! '빨'이라는 건 전혀 없이 모든 것이 적나라하게 드러난다. 살 때는 예뻐 보였던 파스텔 톤의 색상마저 어둡고 우중충해 보인다. 무엇이 잘못된 걸까.

잘못된 전구 선택이 불러온 참사다.

아무리 예쁜 색들을 배치했다고 해도, 공간에 어울리지 않는 엉뚱한 조명을 설치하면 사랑스러운 색마저 해괴하게 드러날 수 있다. 조명만큼은 용어를 숙지하는 것이 중요하다. 그래야 이런 불상사를 막을 수 있다.

어떤 모양의 전구를 고를지,
어떤 조도를 골라야 하는지,
어떤 색상의 전구를 고를지,

하나씩 따져보고 신중하게 판단해야한다. 그만큼 분위기를 좌우하는 중요한 요소가 조명이다. 왠지 카페에서 셀카를 찍으면 예뻐 보이는 마법. 화장실이 셀카존이 될 수밖에 없는 이유가 조명에 있다. 공간을 넓어보이게도 하고, 좀 더 집중할 수 있게 만들 수도 있다. 하나의 공간을 다른 공간처럼 나누는 역할도 한다. 그게 조명의 힘이다. 뿐만 아니라 공간에 어울리는 디자인을 고르는 것도 중요하다. 공간에 띄워져 시선을 압도하는 메인 등은 더욱 그렇다. 빛과 형태, 색상과 분위기 등 복합적인 요소를 갖는 조명은 공간을 이루는 사물들과 상호작용을 해야 한

다. 한마디로 수직적으로 일방통행 하는 지도자가 아닌, 주변을 살피고
대화가 되는 지도자를 뽑아야 되는 것이다.

　지금부터 공간을 이끌어가는 리더,
　조명은 어떤 자격을 갖춰야하는지 살펴보자.

2-1
쾌적한 조명 고르기

흐리고 비가 오는 날 아침엔, 평소 일어나던 기상시간에도 새벽녘 같아 몸이 무겁다.
울리는 알람을 끄고 이불 덮고 더 자고 싶다.
만사가 귀찮다.

반면 일찍 해가 맑게 커튼 사이로 비추는 날엔
'날씨 좋다!'며 이불을 걷어차고 일어나
얼른 준비하고 나가고픈 설렘이 들곤 한다.

이렇게 기분은 '빛'과 밀접한 관련이 있다.

방에서 느끼는 기분은 조명으로 시작된다. 사람의 감정을 좌우하는 조명의 선택은 중요하다. 어떤 위치에 어떤 조도의 조명을 둘지 결정하는 것은 개인의 삶의 방식을 고려해 결정해야 한다. 공간을 꾸미는 인테리어가 삶과 밀접한 관계에 있다는 것을 잊지 말자.

주 조명 : 방 전체를 거의 균일하게 밝히는 조명
보조 조명 : 한정된 범위를 비추는 조명

먼저 공간의 분위기를 압도하는 주 조명에 대해 알아보자. 조명은 기구의 디자인뿐만 아니라 조도(밝기), 빛이 비치는 범위도 중요하다. 우리나라의 아파트를 멀리서 바라보면, 일괄적으로 똑같은 조명을 설치한 모습이 한눈에 보인다. 거실에는 천장 등을, 방에는 UFO를 연상케 하는 직부등으로 통일되어 있다. 아파트의 틀에 박힌 인테리어를 북유럽 스타일의 집으로 바꾸고 싶다면 주조명을 먼저 바꾸는 것이 가장 효과적이다. 조명의 기본적인 용어에 대해 알아보자.

주 조명의 종류

| 직부등 | 펜던트 | 샹들리에 | 다운라이트 |

- 직부등 : 천장에 직접 다는 기구. 가장 일반적인 형태.
- 펜던트 : 전선과 체인으로 천장에 매다는 전구.
- 샹들리에 : 크리스털이나 조형장식이 있는 화려한 다등전구.
- 다운라이트 : 천장에 매립해 사용하는 조명기구.

가장 먼저 선택하는 건 어떤 종류의 조명을 고르느냐다. 일반적으로
사용하는 사각형, 원형의 LED 직부등은 모던한 스타일의 공간에 어울
리지만 자칫 밋밋할 수 있다. 레일등이나 볼 전구가 그대로 드러나는 디
자인 조명을 선택하면 특별한 공간을 만들 수 있다. 펜던트 조명은 다채
로운 조명 갓을 고를 수 있어 포인트 조명으로 좋지만, 아래쪽으로 빛이
내려오기 때문에 벽이나 천장은 비교적 어둡다. 따라서 넓은 공간의 주
조명으로는 적합하지 않다. 샹들리에 조명은 굉장히 화려하다. 시선을
압도하는 포인트로 좋지만, 자칫 화려함에 다른 인테리어 요소가 압도
되어 버릴 수 있어 주의해야 한다. 다운라이트는 스포트라이트를 떠올
리면 된다. 매립되어 눈에 띄지 않는 점이 장점이다. 심플한 방으로 꾸
미고 싶거나 낮은 천장의 공간에 적합하다. 하지만 역시 빛이 아래쪽으
로 쏟아지기 때문에, 천장이나 벽까지 빛을 밝히긴 어렵다.

빛의 색

· 전구색 : 웜화이트 – 노란빛. 백열전구의 따뜻한 색상.
· 주백색 : 내추럴화이트 – 아이보리빛. 전구색과 주광색의 중간색
· 주광색 : 쿨화이트 – 하얀빛. 일반적인 형광등 색

공간과 어울리는 빛의 밝기

(동일 조명이라 가정, lm 대신 W로 비교)
· 거실 : 90~120W
· 큰방(안방) : 60~90W
· 작은방 : 50W

카페의 따뜻한 분위기, 화장실의 셀카존을 만드는 건 전구색 조명이다. 노란빛의 조명은 석양을 바라보는 느낌을 낸다. 나른한 듯 감성적인 분위기를 낸다. 침실, 화장실, 베란다 테라스 등으로 활용하면 은은하면서도 이국적인 분위기의 공간을 연출할 수 있다.

반면 꼭 하얀빛을 사용해야하는 경우도 있다. 성장기 아이들의 공부방이 그렇다. 빛은 눈에 많은 영향을 미치기 때문에, 작은 글씨를 많이봐야하는 곳이나 집중해 작업해야하는 공간에서는 밝은 주광색 조명을 사용하는 것이 좋다. 또, 드레스룸이나 컴퓨터를 사용해야하는 등 색을 확실하게 구분해야하는 곳에서도 깨끗한 하얀빛을 내는 주광색 조명을 사용하자.

가장 추천하고 싶지 않은 빛은 아이보리 빛의 주백색이다. 사용하고있는 형광등이 왠지 칙칙해 보인다고 고민을 이야기하는 의뢰인의 방을 보면 주백색의 조명을 사용하고 있는 경우가 많다. 전구색과 주광색의 중간 색온도를 갖고 있으나, 방의 느낌은 이도저도 아닌 촌스럽고 우중충한 느낌이다. 낮에는 자연채광이 충분하기 때문에 조명은 거들뿐이다. 조명이 중요해지는 순간은 어두워지는 밤이다. 그 땐, 감성에 더욱 젖어드는 노란빛이나 환한 대낮처럼 느껴지게 하는 하얀빛이 필요하다. 둘 중 하나로 선택을 하자.

이 뿐만 아니라, 정확한 조도의 제품을 고르기 위해서는 빛의 밝기를나나내는 단위인 루멘(lm), 빛의 색 온도를 표현하는 켈빈(K), 그리고전구의 효율까지 정확히 알아야 하지만, 현실에서는 정확히 알고 판단하기가 쉽지 않다. 그렇기 때문에 조명만큼은 직접 보고 체험해보는 것이 좋다. 실제 전구를 사러 매장을 가면 테스트용으로 켜놓은 것을 볼 수 있다. 어떤 느낌이 나는지, 내 공간이랑 어울리는지, 눈을 아프지 않은지 감각적으로 따져보고 구매하는 것이 좋다. 온라인으로 구매할 때는 예시 사진 속 전구를 자세히 살펴본다. 고객센터에 어떤 조명을 사용한 사진인지 문의해보는 것도 좋다. 2.5평 방을 침실 겸 드레스룸으로 개조할 때, 과감하게 전구색 조명을 사용하기로 했었다. 잘못하면 좁은 방을 더 좁아보이게 만들 수 있기 때문에 오프라인 매장을 살펴보고 전구의 투명여부까지 꼼꼼하게 따져 구매했다. 직관적으로 구매하는 것을 좋아하는 편이지만 조명을 고를 때는 분석력을 총동원해 골라야 만족도가 높다.

확실하게 방의 분위기를 바꾸고 싶다면, 먼저 조명을 체크해보자. 공간에 알맞은 빛의 밝기를 찾고, 분위기를 좌우하는 빛의 색상을 결정하자. 누누이 이야기하지만, 내 집에 둘 것들은 눈치 볼 필요 없이 맘이 끌리는 대로 자신 있게 선택하면 된다. 조명은 전문가의 영역이라 생각해 고르기를 두려워하는 경향이 큰 것 같다. 그러나 해외의 집을 살펴보면 천장에 있어야할 주조명이 없는 집도 있다. 인테리어에는 그 어디에도 공식은 없다. 그저 내가 좋아하는 공간을 만들면 된다. 어둡고 은은한 조명이 좋다면 향초만으로도 만족스러운 공간이 될 수 있다. 공간에 어울리는 기분 좋은 빛의 밝기를 담은 아름다운 조명을 고르는 것이 중요하다.

책을 읽고 생각을 정리할 수 있는 공간을 만들었다.
공간의 분위기를 지배하는 건 조명이다.

내가 가장 좋아하는 조명은 샹들리에와 노란빛 전구의 조합이다. 드레스룸이나 작업실 등의 주조명을 과감하게 전구색으로 선택하기도 한다. (간접조명으로 보조 장치를 둬야하지만 말이다)

십여 년을 지냈던 내 방을 새로이 할 때도, 침실과 책상이 함께 있는 공간이지만 전구색 조명을 선택했다. 조명 디자인은 앤틱한 황동느낌의 3등 샹들리에에 패브릭 갓이 씌워진 것으로 골랐다. 얼마나 찾았는지 모른다. 조명을 고르려고 오프라인 매장을 돌아다녀도 마음에 드는 샹들리에는 백만 원을 호가하고, 저렴한 샹들리에는 마음에 차지 않고... 게다가 인조 촛대모양의 샹들리에에 조명은 도저히 고르기가 싫었다. 그렇게 몇 날 며칠 고민하다 인터넷으로 발견한 조명! 인테리어를 하면서 가장 희열을 느끼는 순간 중 하나인 것 같다. 그만큼 맘에 드는 것이 없을 때는 우울하기도 하지만 말이다.

맘에 드는 공간을 만들기 위해서는 시간과 노력이 필요하다. 빠르게 완성시키려다 보면, 꼭 눈에 밟히는 요소가 생긴다. 나의 공간인데 뭐 어떤가. 손으로, 눈으로, 감으로 찬찬히 살펴보고 맘에 쏙 드는 것으로 고르자.

그래야 매일 예뻐할 수 있다.

2 - 2
간접조명 활용하기

내가 정말 소중하게 생각하는 시간은 잠들기 전 침대 맡 플로어 램프를 켜서 하루를 정리할 때다. 바쁘게만 썼던 다이어리를 꺼내 조용히 오늘의 나와 마주한다. 긴 일기를 적는 것은 아니지만, 지난 오늘을 생각하는 의미 있는 시간.

나는 오늘
누구를 만났고,
어디를 갔으며,
어떤 일들을 해냈고,
무슨 감정을 느꼈었지?

노란불빛 아래서 종이와 연필을 들고 생각을 하다보면 많은 감정이

든다. 처음엔 슬펐던 생각, 억울했던 마음, 섭섭한 일들이 먼저 떠오른다. 글로 옮기다 보면 위로가 되고, 마음이 차분해진다. 그러면서 서서히 고마웠던 사람들, 기분 좋았던 말, 스스로 기특해지는 일들에 미소를 짓게 된다.

내일을 꿈꾸는 시간이기도 하다. 지나간 오늘을 떠올리며 내일할 일들을 적다보면, 다음주, 다음달, 연말, 내년까지 어떤 모습일까 그려보기도 하고, 재미있는 일들이 일어나는 상상으로 이어지기도 한다. 특히 좋은 일이 있는 날엔 그 기분 좋은 상상에 아침 해가 뜰 때까지 잠을 못이루기도 했다.

돌아보면 생각하며 스스로를 어루만지는 시간이 나를 조금씩 앞으로 나아가게 만드는 것 같다. 그러면서 점점 하루를 소중히 여기게 됐다.

사물에 기억이 담기는 경험을 하면서 애장품 리스트가 생겨난다. 나에게 침대 옆 스탠드가 그랬다. 예쁘거나, 비싸거나, 희소한 스탠드는 아니지만 스위치를 똑딱 켜는 것이 즐거웠다.

조명이 주는 감정적인 효과는 크다. 순간적으로 같은 공간을 다른 공간으로 인식할 수 있게 만든다. 우리가 조명의 놀라운 효과를 느끼는 또 하나의 예가 있다.

바로 연극이다.

배우를 기다리는 관객들은 어둠 속에서 막이 오르길 숨죽여 기다린다. 어딘지 모를 한 곳을 바라보며 주인공이 등장하기를 기다린다. 그 때, 한줄기 빛이 무대에 비치고, 환호성이 들린다. 스포트라이트를 받으며 무대의 주인공이 나타나면 연극이 시작된다. 소극장의 무대는 조명에 따라 무도회장이 되기도 하고, 집 거실이 되기도 한다. 연극 옥탑방 고양이에서는 옥탑방이 되었다가, 가로등이 켜진 골목이 되기도 했다. 무대에는 수많은 조명이 있다. 지켜보는 모두가 공감할 수 있도록 분위기를 이끌어가는 건 조명이다.

집도 그렇다. 크리스마스를 떠올리면 반짝이는 꼬마전구들이 떠오르고, 할로윈에는 익살맞은 표정을 한 호박랜턴이 떠오른다. 특별한 조명은 특별한 공간을 만든다. 내가 있는 공간을 특별하게 만들어주기 위해 조명을 활용해보자.

인테리어가 생활의 일부인 북유럽의 집에는 시선을 사로잡는 주조명 뿐 아니라, 곳곳을 개성 있게 만드는 장치들이 숨어있다. 바로 보조조명이다.

보조역할을 하는 조명은 2가지 타입으로 나뉜다. 하나는 책상 스탠드처럼 눈으로 하는 작업에 필요한 조도를 확보하는 조명이다. 다른 하나는 분위기를 돋우고 싶은 곳에 사용하는 조명으로, 플로어 램프나 브래킷이 해당한다. 뿐만 아니라 벽에 다는 벽부등, 갤러리 효과를 주는 스포트라이트, 복도에 사용하는 풋라이트 등 다양하다.

그 중에서도 이동이 편리해 포인트 등으로 가장 손쉽게 활용할 수 있는 것은 플로어 램프(높은 램프대가 있어 바닥에 세울 수 있는 휴대용 전등)이다. 소파 옆이나 침대 옆에 둬 원하는 곳을 비출 수 있어 편리하기도 하고, 게다가 메인 전등을 점등하고 은은한 전구색 플로어 램프만 켜두면 스포트라이트를 주는 효과도 있다. 특히 비추는 범위가 넓은 플로어 스탠드는 소파나 침대 등 부피가 큰 가구 옆자리가 더욱 잘 어울린다. 시원하게 뻗는 기둥을 갖은 스탠드가 있으면, 시선을 집중시키는 효과도 있어서 거실 소파옆, 침실 침대 옆, 리클라이너와 같은 커다란 의자 옆 등의 위치에 두길 추천한다. 생각하는 시간, 다이어리를 정리하는 시간, 책을 읽는 시간 등 일상과는 다른 특별한 공간을 만드는 효과가 있어 좁은 공간을 다채롭게 활용하고 싶을 때도 좋다.

플로어 조명은 특별한 공간을 만든다

플로어 스탠드가 들어갈 만한 공간이 마땅치 않다면, 더욱 쉽게 아늑한 분위기를 더하는 방법이 있다. 바로 테이블 스탠드 조명이다. 우아한 타입, 모던한 타입, 귀여운 타입 등 조명 갓의 디자인도 다양해 공간에 어울리는 조명을 고르기 좋다. 특히 밤을 위한 조명이 중요한 침실은 테이블 스탠드를 곁에 두면 편리한 생활을 할 수 있다. 아늑한 분위기를 낼 뿐 아니라, 취침하기 전 편안한 심신을 유지해주는 노란빛의 조명 아래서 책 한 구절을 읽거나, 명상을 위한 음악을 듣는 등의 활동은 숙면을 위해서도 좋다. 동선을 상상하며 소품의 위치는 두는 것도 중요한데, 침대 옆에 놓인 테이블 조명은 누워서도 손쉽게 스위치 조정이 가능해 완벽하다. 조도를 조정할 수 있는 기능이 있는 스탠드라면 더욱 좋다.

하나의 공간에는 여러 가지 조명을 효과적으로 배치해야 개성이 묻어난다. 예를 들어, 침실에 침대와 휴식할 수 있는 의자가 배치되어 있다고 해보자. 낮 시간에 청소를 하거나 햇살을 받으며 휴식할 때는 밝은 화이트 전구가 있는 메인 등을 켤 것이다. 저녁 시간엔 은은한 분위기 속에서 여가 생활을 즐기고 싶다면, 의자 곁에 둔 플로어 스탠드를 켜두고 영화 한 편을 보는 여유를 즐긴다. 밤이 되면, 테이블 스탠드 조명을 켜두고 은은한 분위기 속에 하루를 정리하며 곤히 잠이 드는 완벽한 일상을 즐길 수 있다.

사람은 해가 뜰 때 활동하고, 해가 지면 쉰다. 집 안에서의 조명도 라이프스타일에 따라 유기적으로 배치하는 것이 좋다. 예쁘기만 한 인테리어는 좋다고 할 수 없다 우리가 일상의 공간을 꾸미는 최종 목표는 그 공간을 사용하는 나의 삶을 더 편리하고 만족스럽게 만드는 것이다.

3
특별한 날의 분위기

1년에 한번 뿐인 생일날,
따뜻한 불빛의 크리스마스,
새로이 한해를 맞이하는 날,
꽃이 피어오르는 봄날,
단풍이 색색이 물들어가는 가을날,

개인적으로 소중하게 여기는 시간들.
그 때가 다가오면 지내는 공간도 맞춰 간다.
나를 닮은 공간이 집이 아닌가.
그래서인지 나의 기분이 평소와 다른 날엔
그 기분을 공간에 맘껏 표현하고 싶어진다.

특별한 날엔 설레는 맘을 담고,
몸여름, 가슬거울이 다가오는 일 년에 두 번 쯤은
계절에 따라 바뀌는 기분을 공간에 담아본다.

3 - 1
홈파티 드레싱

　부모님댁에서 독립해 나만의 공간을 갖던 그 해 연말엔 친구들과 함께 홈파티를 했었다. 크리스마스를 맞이하는 설렘과 새로운 공간에 온 따스함을 모두 담아 손수 만든 소품들과 소소한 식탁을 더해 행복을 나눴다.

　나를 좋아하는 사람과 내가 좋아하는 사람들과 함께.

　파티는 화려하고 특별한 것이 아니다. 사랑하는 이들과 이야기를 나누고, 추억을 공유할 수 있는 시간을 보내는 것이 기쁨이다. 우리나라엔 파티문화가 이미 깊숙이 있다. 화려한 옷을 입고, BAR를 통째로 빌리는 것과 같은 것만이 파티는 아니다. 이사를 하면 지인들을 불러 모아 따뜻한 밥 한 끼를 대접하는 집들이, 아기의 건강을 축복하는 돌잔치, 그간 애쓰신 부모님에게 마음을 전하는 환갑잔치 등은 예로부터 지켜오던 우리만의 파티. 기쁨을 나누고, 특별한 감정을 공유하는 것이 파티다. 향초를 하나 꺼내 테이블에 올려두고, 서투르지만 맛있게 요리를 한 음식을 접시에 담아 소중한 사람들을 기다리는 설렘.
그게 전부다.

큰맘을 먹어야만 파티를 하게 되는 이유 중 하나는 준비하기가 부담스러워서 일 것이다. 하지만 여기에 아주 간단하고 구하기 쉬운 것들이지만 우리 집을 평소와는 다른 파티 장으로 꾸며줄 재료들이 있다. 몇 가지 구비해두면 '오늘 친구들을 불러 파티를 해볼까?'하는 마음을 그대로 실천에 옮길 수 있을 것이다.

작은 아이템으로 분위기를 내는 방법

리본
향초
크리스마스 전구
풍선이나 볼
반짝이 재료

선물포장에만 사용했던 리본은 파티장의 블링블링한 분위기를 내는 데 큰 역할을 한다. 예쁜 색이거나 특별한 소재로 만든 리본을 보면 구매해서 서랍에 넣어두기도 하고, 필요하다면 근처 문구에 가서 그 날의 파티에 어울리는 리본을 구매하기도 한다. 리본을 테이블의 의자 등받이나 사용할 컵의 손잡이, 커트러리에 묶으면 한층 러블리해진다. 레이스 리본이나 스웨이드 리본을 사용하면 일상의 테이블을 한 순간에 파티테이블로 변화시킬 수 있다.

파티하면 빼놓을 수 없는 것이 창문 밖으로 새어나오는 따뜻한 불빛이다. 가장 간단하지만 완벽한 분위기를 내는 것이 초다. 향초나 양초를 손님을 맞이하는 현관, 테이블의 메인에 올려두자. '특별한 날'이라는 것을 본능적으로 알 수 있게 하는 아이템이다. 화려한 조명을 원한다면 시중에 판매하는 크리스마스 전구를 이용하는 것도 좋다. 커튼이나 바닥에 두르는 것도 좋고, 조금 더 특별하게는 벽에 글씨를 만드는 방법도 있다. 간단히 스카치테이프를 이용하면 네온사인처럼 반짝이는 벽 데코를 완성할 수 있다.

여기에 꽃이나 잎사귀 식물을 더해 테이블을 가득 채운 다음, 음악을 켜면 행복한 공기가 가득 찬다. 조금 더 화려한 느낌을 내고 싶다면, 반짝이는 물건들을 놓는 것도 좋다. 펄이 들어간 풍선은 마트에서도 구하기 쉬운 재료다. 특별한 장비도 필요 없어 숨을 불어넣으면 그대로 완성이다. 크리스마스트리 장식으로 사용되는 반짝이 모루나 볼과 같은 트리 오너먼트 역시 파티장식으로 좋다. 구하기도 쉽고, 그 종류도 다양해 취향에 따라 골라 테이블 위나 커튼, 천장에 달아두면 화려한 공간을 연출할 수 있다.

종종 특별한 날에 집을 꾸미곤 하는데, 홈파티를 준비하는 시간은 1시간 정도다. 여기에 요리를 하면 준비는 완료. 요리에 자신이 없다면 팟럭파티 처럼 놀러오는 친구들에게 하나씩 맛있는 음식을 갖고 오라고 하는 것도 좋은 방법이다. 어떤 음식을 가져 왔는지 하나씩 풀어보며 이야기를 나누는 것도 참 재미있다.

3 - 2
봄 / 여름 드레싱

눈 속에서 새빨간 동백꽃이 피어날 때쯤, 나의 공간에도 '후-'하고 생명을 불어넣고 싶어진다.

산뜻하게.
그리고 싱그럽게.

꽃샘추위에 얼른 따뜻한 봄이 왔으면 좋겠다는 바람을 가득 담아, 3월 즈음엔 공간에 봄을 들인다.

노란색, 주황색, 연두색

온화한 색감을 더하는 것으로 시작한다.
왠지 공간에 온기가 돌면, 아직은 쌀쌀한 바람에 움츠러들였던 어깨도 펴지는 것 같다. 아직 움트지 않은 튤립 화분을 햇살이 드는 베란다에 두면 하루하루 꽃을 맞이하길 기대하는 설렘이 좋다.

봄에는 특히 식물이나 꽃화분이 있으면 기분이 좋다. 따뜻한 날씨에 창
문을 활짝 열면, 식물들도 파릇파릇 생명력을 갖는다. 무럭무럭 자라는
모습에 창가에 앉아 하염없이 바라보게 만들기도 한다. 점차 해가 길어
지면서 우리의 마음도 깨어난다. 긍정적인 기운, 활력을 얻는 시간이다.

봄에 어울리는 색감은 파스텔이다. 원색보다는 우윳빛을 내는 파스텔
이 생기 있는 분위기를 만든다. 한 가지의 컬러로 강한 생명력을 부여
하는 것도 좋다. 예를 들어, 새싹을 닮은 연두색으로 홈드레싱을 하기로
했다면 채도가 다른 그린 톤의 쿠션, 커튼, 소품 등으로 파릇파릇한 공
간을 만들 수 있다. 반대로 알록달록한 소품을 들이는 것도 어울린다.
겨울을 나고 잎과 꽃이 피어나는 그 모습처럼. 알록달록한 색감을 들여
내 공간을 꾸며보자. 사랑스러운 파스텔톤 엽서나 작은 소품들을 활용
해 포인트를 주는 것도 좋은 방법이다.

봄 소품을 두고 싶다면, 가랜드와 액자를 들여 보자. 특히 원단을 이용
한 가랜드는 원하는 색상에 부드러운 감촉을 더해 봄날의 인테리어 소
품으로 정말 좋다. 액자 틀에 컷트지나 패턴이 있는 원단을 씌워 넣어두
는 것도 간단하지만 분위기를 바꾸는 좋은 방법이다.

봄 맞이할 때면 가장 먼저 하는 건 커튼을 바꾸는 일이다. 민트색이나
노란빛이 도는 원단을 준비해 커튼을 만들어 걸어둔다. 겨울철 사용하
던 진한색의 두꺼운 커튼을 가볍게 바꿔주는 것만으로도 방에는 봄기
운이 가득하다. 기존의 커튼은 고이 접어 서랍장에 넣어두자. 그 다음은
식탁에 꽃 올리기. 봄맞이 스타일링에 빼놓지 않는 것이 프리지아다. 선
명한 노란색에 진한 향기는 하루를 행복하게 만들어준다.

더위에 지쳐 들어오는 여름엔 시각적으로 시원함을 더할 수 있다.

시원한 느낌의 대표적인 컬러는 블루다. 바다를 닮은 화이트와의 조합은 세련되고, 강렬하며 군더더기 없어 시원한 느낌을 낸다. 블루와 크림색의 조합은 지중해 휴양지에 있는 듯한 컨츄리한 분위기를 낸다. 이태리나 그리스 등 유럽으로 놀러온 듯한 방 분위기를 연출할 수도 있다. 포인트 소품을 둘 때는, 브라운 컬러나 라일락 컬러를 더해보자. 과감한 컬러대조도 좋다. 시원시원한 컬러인 블루는 패턴과도 잘 어울린다. 커튼, 쿠션 등에 과감한 패턴사용하면 보다 도시적이고 깔끔한 여름 스타일링을 할 수 있다.

컬러뿐 아니라 시원한 촉감을 드러내는 소재를 활용하는 것도 좋다. 반투명, 투명한 특성을 갖는 소재를 사용해보자. 리넨이나 패턴이 없이 깔끔한 레이스를 활용하면, 바람에 하늘하늘 거릴 때 나도 시원해지는 느낌이 난다. 투명함을 더하는 방법은 유리병, 와인잔 등의 유리제품을 이용하는 것이다. 그 안에 물을 담아 식물을 꽂아두는 것만으로도 시원한 느낌을 낼 수 있다. 봄에 사용했던 액자를 리폼 하는 것도 좋다. 부드러운 느낌의 패브릭을 빼고, 필름지 사이에 활엽수를 담아 투명한 액자를 만들어보자. 특별하면서도 건너편이 보이는 시원한 시각적 효과를 얻을 수 있다. 만약 가구나 작은 소품을 리폼할 일이 있다면 대리석이나 메탈느낌이 나도록 만들어보자. 스프레이나 시트지를 이용하면 간단히 리폼할 수 있다. 사용하던 작은 피규어나 트레이 등을 리폼하면 새로운 느낌으로 활용할 수도 있다.

3 - 3
가을 / 겨울 드레싱

가을엔 단풍이 지고 잎이 떨어진다. 봄여름을 지나며 무럭무럭 자랐던 잎들이 우수수 떨어지며 열매를 맺는다.

힘들여 맺은 결실을 보며 기특하면서도, 왠지 앙상한 나뭇가지가 드러날 때면, 시원한 시각과 촉각이 살아있는 집이 쓸쓸하게 느껴진다.

가을을 느끼다 보면, 어딘가 인생의 모습을 보는 것 같아 흐뭇한 미소를 짓게 되면서도 텅 비어버린 듯한 느낌이 든다. 그래서 가을 스타일링은 조금 신경 써서 서둘러 준비한다. 그래야 가을을 포근하게 맞이할 수 있다. 자칫 날이 쌀쌀해져 버리면 집에 들어오는 그 순간이 슬퍼질 수도 있기 때문이다.

보통 8월 말부터 니트 소재와 브라운 컬러를 조금씩 들이기 시작한다. 나는 바깥세상이 알록달록 물들여질 모습을 상상하며 집은 베이직하게 꾸미는 것을 택한다. 왠지 가을엔 화려함이 대조적으로 슬퍼 보일 수 있기 때문에, 꽃 대신에 뮬리나 억새와 같은 보드라운 풀을 꽂아두는 것이 좋다. 가을만이 갖는 따스함을 더하는 베이지 톤을 선택하면 깔끔하면 서도 듬직한 공간이 완성된다. 베이지 톤에 브라운 라인이 들어간 커튼 으로 바꿔줘도 좋고, 니트 재질의 아이보리 컬러의 원단을 한쪽 벽면에 더해 따스함을 높여줘도 좋다.

겨울은 낮이 짧고 밤이 긴 계절이다. 동물은 겨울잠을 자고, 식물도 다음 봄을 기다리며 몸을 움츠린 채 기다린다. 사람도 그렇다. 매서운 한파에 몸을 보호하고, 더욱 따뜻한 보금자리가 필요한 때다.

나는 추위를 많이 타는 편이다. 그래서 겨울에 데워지지 않은 침대에 들어와 오들오들 떠는 그 시간이 싫었다. 그래서 겨울 침구만큼은 두툼해 덮는 순간 온기를 전하는 구스이불과 부드럽고 따뜻한 촉감의 극세사 이불을 함께 사용한다. 매트리스 커버 위에는 극세사 이불을, 그리고 그 위엔 구스이불을 덮어 언제 들어가도 온기를 느낄 수 있도록 마련한다. 또 한 가지 빼놓지 않는 건 러그와 두툼한 커튼이다. 발을 통해 느껴지는 바닥의 차가운 촉감과 창문에서 느껴지는 한기를 막기 위해서 겨울철 필수적인 인테리어 소품이라 할 수 있다. 바닥을 채우는 보송한 러그와 두툼한 커튼은 시각적으로도 따스해 보이는 효과가 있다.

뿐만 아니라 소파와 테이블, 의자에도 커버를 더하는 것도 좋다. 특히 소파는 패브릭이나 가죽소파 모두 온도가 내려가면서 아주 차갑게 느껴진다. 극세사로 된 스프레드, 두툼한 방석 등을 올려 포근하게 온도를 유지하자. 이런 작은 노력이 모이고 쌓여, 매일의 행복을 이룰 수 있는 것이다. 이처럼 겨울 스타일링에서는 컬러보다는 소재에 신경을 써야한다. 눈을 닮은 화이트를 주로 사용한 공간이어도 극세사, 니트, 양모 등의 따뜻한 재질을 사용했다면 더 이상 추워 보이지 않는다. 소품도 마찬가지다. 유리병 대신 니트 바구니를, 잎식물 대신 목화솜을 꽂아주는 식이다.

찡그리지 않게 따뜻하고 아늑한 공간을 만들기.

그것이 얼른 집에 오고 싶은 겨울을 만들기 위한 홈드레싱 포인트다.

매일 행복이 머무는 우리 집

아침에 눈을 뜨고,
식탁에 앉아 시간을 보내고,
맘껏 편안하게 쉴 수 있는 공간.

우리 집이다.

그 공간 안에서
매일의 작은 행복을 만들어가는 방법을 전하고 싶었다.
사람이 하는 일이 그렇듯,
한 순간 완벽한 공간을 만들어낼 순 없다.

하지만
손길을 뻗어 좋아하는 색을 들이고,

나를 담은 분위기를 내 보고,
나를 닮아가는 공간 만들기는 실천할 용기만 있다면 가능하다.
왠지 모르게 괜히 끌리는 공간이 되어 가는 과정이다.
흉내 낼 수 없는 '나'를 찾는 시간이 아닐까.

공간을 장식하는 인테리어는
어떤 공식도, 틀도, 법칙도 없다는 것을
꼭 기억했으면 좋겠다.
맘에 드는 것이라면, 볼수록 기분 좋은 내 공간이라면
예뻐하고 어루만져주면 그게 행복이다.

비교하지 말자.
나는 나일뿐.
내 공간도 마찬가지다.
끌리는 나의 공간에서 멋지게 살아가는 그 날을 그리며-